不要讓未來的你，
討厭現在的自己

特立獨行的貓——著

自序

明天過得好不好，取決於你今天怎麼過

前幾天跟大學同學聊起大學時學英語的事，同學說：「那時候妳晚上在廁所門口的走廊上背單字，我半夜去洗手間，妳跟我打招呼，嚇了我一跳。」我突然憶起大學宿舍走廊旁邊的洗手間，我曾於熄燈後站在這個走廊裡唯一有燈的地方讀英文。畢業時，我扛著枕頭走上宿舍的屋頂平臺，躺下來仰望天空，覺得整個天空都是自己的。我知道，從那一刻起，我的青春只有我自己說了算。走得好不好，對不對，摔倒了是站起來還是趴著哭，都只有我一個人說了算。

很多人問我，畢業這幾年，感覺妳過得很用力，妳到底累不累、苦不苦？其實哪有什麼苦和累，無非是自己每次都很幸運地進入一個比自己強很多的圈子，做什麼都要說得過去罷了。這麼一來，好像我很辛苦很累，實際上，每個人都要經歷這麼一段時間，撐過去就沒什麼了。出了社會的人都知道，沒有人躺在床上哼著小曲就能實現夢想。明天過得好不好，取決於你今天怎麼過，你付出怎樣的努力，才配實現怎樣的夢想。

夢想這個詞，現在挺氾濫的，動不動就夢想，好像夢想跟零食一樣，隨手抓一把吃一口都能飽似的。不過無論怎麼氾濫，人還是應該有點夢想，或者說理想，否則我們都不知道一天二十四小時為了什麼而忙。如果你覺得自己不願被同學之間的瑣碎小事和同事之間的斤斤計較所累，也不願每天聽父母逼婚逼生子，更不願在柴米油鹽中看到未來二三十年的生活，那真的得有點夢想，哪怕夢想是每天早起跑步兩千公尺，都能讓自己立地成佛……精神的力量，有時候能讓你像個鬥士一樣，分分秒秒感受到生命的萬丈光芒。

算命的說，我是一個固執的人，而且固執得很。我滿相信的，我就是一個固執的人。無論是這些年所有假期都獨自去旅行，還是與相愛的男人來一場奮不顧身的愛情，亦或其他林林總總的事，我總是認定了道路就會全力出發，不太顧及周圍人的閒言閒語。活在當下，把握當下，我只堅持應該有的勇敢。這種固執和勇敢，或者說偏執，讓我真的做成了一些想做的事，實現了一些小小的夢想。

我也有過傷心，有過迷茫，有過和別人拚酒四十八小時興奮得睡不著，也有過被人暗算傷害、笑裡藏刀，但我從來沒有任何的悔恨與不安。我一直相信，自己的內心有一個很大很大的世界，其中有很多很多美好而絢爛的事等著我。

寫作這幾年，每天看到網上許多朋友因為看到我的文字而努力改變自己，便會覺得幸福。長大的路上，每個人都在變，如果有一天，我變成了自己曾經討厭的樣子，我便不會再寫作。我在努力，保有初心，像一棵樹一樣活著，可能沒人欣賞，但我知道自己是什麼樣子。在青春的路上，無論身在何地，請別害怕，至少還有我陪著你！不要讓未來的你，討厭現在的自己，追隨內心，追逐自己的夢想，希望在未來的若干年後，你再回頭看時，會欣賞、喜歡現在的自己，那便是我這本書最大的榮光。

謹以此書送給我的老公G先生，感謝你讓我明白「人世間每一次相遇都是久別重逢」的含義，並由衷期待我們將共同走過的所有幸福時光。

趙星，寫於北京

第一章　活在當下，努力過好每一天

活在當下，踏踏實實地過好每一天，不抱怨、不放棄，為自己的夢想盡每一分力。只有這樣，你的未來才是可靠、有保障的。只有這樣，夢想才會水到渠成。

第二章 在這世上，你是最好的自己

無論身處何地，面臨什麼處境，都請你相信，你是最好的自己。沒有過不去的檻，沒有克服不了的困難。當越過重重障礙回頭看，你會發現，曾經的一切都那麼雲淡風輕。

第三章 我相信，夢想是最好的信仰

擁有夢想的人，擁有無窮的力量。我相信，夢想是最好的信仰。擁有夢想的人，無論什麼時候都充滿希望。在追逐夢想的路途上，即便汗水，也會化為甘甜。

第一章 活在當下，努力過好每一天

活在當下，踏踏實實地過好每一天，不抱怨、不放棄，為自己的夢想盡每一分力。只有這樣，你的未來才是可靠、有保障的。只有這樣，夢想才會水到渠成。

留在大城市，還是回老家？

到上海出差的我，坐在外灘旁一處高高的餐廳裡，透過明淨的窗子，向浦西方向望去，銀行街上的小洋樓，閃爍著一排金燦燦、直通天際的光。黃浦江上遊蕩著三五艘閃耀著不同光亮的霓虹燈渡輪，即使那些承載普通客人的渡輪票價只要兩元人民幣，但船體的華麗燈光與裝飾，總讓人以為是一艘豪華的觀光船。窗子前的外灘岸上黑漆漆一片，幾家風姿綽約的咖啡廳和西餐廳，在黑暗中亮著燭火般橘黃色的燈光。我怔怔地看著岸邊那一排用鐵鍊做成的圍欄，假想自己一個人站在那裡，身後是陸家嘴金融貿易中心林立的高樓，對面是散發著金色光芒的大幅看板，我突然有點理解《蝸居》[1]裡的海藻。

1 根據作家六六的同名小說改編而成的電視劇。

合租的女孩二十二歲，問了我一個問題：「我畢業三四個月了，雖說公司很不錯，但感覺北京的公司就是天天要加班，沒辦法平衡工作和生活，以前我爸要我回老家去，我還挺不屑一顧，但現在我有點嚮往那種穩定的生活，妳有想過要安穩的生活嗎？」

我想到了自己二十二歲畢業時，有很多願望，但都是關於錢的：希望有一天能帶著我媽自由自在地去旅行，不用挑便宜的飯店，不用因為便宜而選擇紅眼航班；希望我媽想買什麼都可以放心大膽地買，能安安心心地過上養花遛狗、摸魚抓蝦的美好晚年；希望我媽有一天說想要什麼，我就能馬上掏出一張卡滿足她！嗯，我就是這麼在乎金錢的俗人，而這也是我當時的目標和動力。

在過去的四年半裡，我在一個薪水不多，但可以學習成長的公司慢慢地進步，除此以外，我還寫稿子、做點私活賺外快，一點點積累。那種很慢、很辛苦、累到不行，但能迅速提升各種能力，促使我精力充沛的感覺，每一刻都嵌在我的骨子裡，至今沒有忘記一絲一毫。曾和前同事一起憶苦思甜，回想起當時的窘境：那時我們還是公司的最基層，拿人民幣三千元月薪，但時常需要工作到半夜；每天中午都不敢和前輩們一起吃午飯，因為平均分攤下來，每人要三十～五十元，所以我們經常在十一點五十就偷偷假裝去洗手間而跑掉，再一起到很偏僻的小胡同裡，吃碗十元的麵；在天安門附近那座有豪華購物中心的辦公大樓裡上班的我們，有時也會到麥當勞去買十五元的超值午餐……前輩們發現之後，覺得我們太孤僻，太不合群，而我們的理由也的確難以啟齒。

Summer是我在上海的朋友，一九八八年出生的女孩，跟我一樣是單親家庭，而且似乎比我還慘，因為親戚之間很不合。我認識她時，她在上海一家廣告公司做最基層的AE，月薪三千元人民幣，經常加班到夜裡十二點，本來想拉她做點私活賺錢，結果發現她週末都在加班，活得匆匆忙忙。我曾問過她，妳這樣值得嗎？她說：「我要給我媽爭口氣！我媽比較軟弱，容易受欺負。我必須強大起來，才能保護我媽媽。」她是一個對工作負責又踏實的女孩，那麼年輕卻那麼認真，拚盡全力一點點升職、加薪、跳槽，就為了讓媽媽不再因為沒錢而受欺負。記得她第一次跳槽搬家，搬到上海很靠近郊區的地方，就為了一千元能租到一間套房。房間裡什麼都沒有，她到二手家具市場一件件買，今天買一個沙發，明天買一張床墊，然後自己在家做飯，拍照片給我看。

後來有次我們在上海見面，工作快四年的她，已經變得成熟又大氣，臉上沒了聊 QQ 時總能感覺到的陰鬱，反而笑意盈盈。提起她媽媽，她說媽媽已經可以經常到上海來看她，她還給媽媽買了 iPad 解悶；而她也可以理直氣壯地跟那些欺負人的親戚反抗和吵架。她剛又跳了槽，薪水翻倍，搬進新房子，雖然價格高了些，卻是她最滿意的地方。說真的，我很感動，為她一直以來的努力；為她今天能從心底笑著、慢下來享受生活的美好；為她能在那個我開始理解海藻的綺麗大上海，擁有自己的一片天；為她經歷了辛苦的努力與掙扎後，終於能夠保護媽媽。

每天看著地鐵裡黑壓壓的人群，那麼多的年輕人，那麼多疲憊而不甘的眼神，我經常在想，在這些人中，究竟誰能成為最後的贏家？最終誰能熬出頭，成為枝頭上的鳳凰？大學畢業時，我們都看到了金字塔頂端「一覽眾山小」的那個位置，可在奮鬥的攀爬中，有多少人中途放棄？有多少人被迫滑落？又有多少人經過怎樣的艱辛與勇氣，才能擁有爬到頂峰的光環？拿到頂峰的光環後，那是不是就是自己想要的幸福？

我收到很多朋友的來信，跟我講職場上的困擾，選擇上的不安，父母的不理解，單身男女的寂寞哀傷，不知道要不要繼續在大城市裡漂泊，不知道是否真的應該回老家去。其實，不管驚濤駭浪還是安穩平靜，都只是個人生活的選擇不同而已，沒有高低貴賤與對錯之分，每個人都有選擇生活方式的自由，但無論在哪條路上，每個人都有一個屬於自己出發的理由。這個理由可能很微小，甚至沒人在乎，可無論這個理由是什麼，都需要一直堅持下去。只有堅持，才會有變成大大光環的那一天；半途而廢的逃避，永遠到達不了最初的夢想。每一個年輕人，剛畢業面對社會的激烈競爭時，都會有各式各樣的壓力與打擊，這分痛需要真真實實地打到自己身上，只有扛住這分痛，你才有變成「鳳凰」的那一天。

也許我付出的諸多努力，帶有意外和繞遠路的色彩，但 Summer 讓我看到一個女孩最初的夢想，以及在巨大壓力下奮鬥的力量。我不是要勸慰你留在大城市吃苦、受累、哀傷，而是希望你能在自己選擇好的道路上，勇敢向前，奔跑不投降！

特立獨行的貓哲學

不管驚濤駭浪還是安穩平靜，都只是個人生活的選擇不同而已，沒有高低貴賤與對錯之分，每個人都有選擇生活方式的自由，但無論在哪條路上，每個人都有一個屬於自己出發的理由。

堅持，是最好的品質

我是一個有點小聰明的人，或者說腦子轉比較快，因此從小到大一路走來，以為憑著小聰明和靈活的腦子，就能操控一切。

別人反應不過來的事，我眨眨眼睛就懂了；別人聽不懂的話，我聽一半就知道後半句是什麼了；別人要集中精力去聽的課，我一邊走神一邊聽課，還能一邊喝可樂……因此，我從來都不是最用心的那一個，儘管有時候還算是認真的人。

我一直以來都沉浸在小聰明的美麗世界裡，直到後來在生活和職場上發生了許多事，在許多幾近崩潰和焦躁的瞬間，我發現小聰明已經吞噬了我的心很久，只是我一直不知道也不在乎而已。就拿職場來說，別人需要做三五個小時的工作，我只要稍微用點心一個小時就能做完，於是在剩下的幾個小時裡，漫不經心地逗一下這個，玩一下那個，浪費了大把大把的剩餘時間，以至於對自己目前的水準和能力很不滿意。悔恨之餘，認真工作了一個星期，雖辛苦萬分，但收穫巨大，這不禁讓我更加後悔之前浪費的大好時光，內心也嚴肅了起來。

其實，像我這種有點小聰明的人，在生活和職場中有很多很多，但單單靠聰明能走得長遠的寥寥無幾，反倒是那些一直以來勤勤懇懇地用心生活和工作的人，總能開出絢爛的花朵。聰明人總喜歡靠著自己的這點優越感，對很多事情缺乏耐心，總覺得就我這腦子去哪裡不是一朵奇葩，還用得著這麼費時、費力、費工夫嗎？聰明人總是在遇見陌生人或前輩的時候，最先受到賞識和讚嘆，誰不喜歡跟腦子快的人聊天、合作？聰明人更加容易因為看起來有靈氣，而被主管寬容許多小毛病、小缺點，比如因為討人喜愛，上班遲到一點沒關係……實際上呢？越來越多的小毛病不被糾正和改變，才是阻礙長遠進步的絆腳石。更可怕的是，這年頭聰明人滿多，所以大家只是想在一個都是聰明人的環境裡，爭做看上去更加聰明的人。於是，太多聰明人都敗在「無心」這個環節上。倒是那些看上去不那麼靈光的人，那些不怎麼被前輩看好的人，那些總被別人因為不那麼喜歡而挑毛病的人，用心、用努力、用時間換取了很大的回報。

如果聰明人能更用心一些，就可以有很大的收穫和成就，但偏偏聰明人總會因為自己有點小聰明而不拘小節，或因為受人寵愛而覺得沒必要那麼苛責自己。事實上，缺乏定性和耐心的聰明人，只要再堅持一下下，就可以克服很多缺點和毛病，比如再專心一點，再用心一點，再多聽別人講幾句話，再多定下心來學習，只需要再多堅持一點點，便可以看到不一樣的「花朵」。

我曾寫過一篇文章〈挺住，意味著一切〉，這句話特別適合普羅大眾。又想一想，感覺這句話多了一些悲壯，少了一些英氣，於是便補充了下半句：堅持，是最好的品質。這不僅適用於普羅大眾，對於那些跟我一樣有點小聰明就沾沾自喜的人來說，更應該銘記在心。

挺住，意味著一切；堅持，是最好的品質。

特立獨行的貓哲學

太多聰明人都敗在「無心」這個環節上，倒是那些看上去不那麼靈光的人，那些不怎麼被前輩看好的人，那些總被別人因為不那麼喜歡而挑毛病的人，用心、用努力、用時間，總能開出絢爛的花朵。

改變自己，以得到想要的幸福

曾有段時間我喜歡拖地，因為我家位在稍高一點的樓層，那裡恰好是空氣中的揚塵層，每天開不開窗屋裡都一層土。以前懶得收拾，總是累積一星期才擦一次地，那段時間身體不好在家休息，突然想擦地，於是連擦了好幾遍，看著光潔的地板，心情大好。自那天之後，我每天都堅持擦一遍地，連地上有個腳印都不能忍受。我想起了二十一天理論[2]，不禁感到驚奇。

有很多同學寫信給我，說自己堅持不下去一件事，為此責備自己，對未來感到恐慌……實際上，每個人都有堅持不下去的時候，堅持本身就是一件很不容易的事，所以成功的人只是少數，這是首先要理解並接受的

2 一件事堅持二十一天，就會成為一種習慣。

事。對於普通人來說，堅持不下去通常不是發生在某件事的中途，而是發生在剛開始做某件事的時候，比如想每天讀英文，結果三天就拜拜了；看了勵志書後發憤圖強，列了一堆計畫在本子上，萬丈高樓平地起，結果剛起一天計畫就灰飛煙滅；辦了張健身卡，幻想著自己也能有優美的腹肌和傲人的身材，進健身房跑了二十分鐘，就坐地上看別人練了……我們都對自己的生活有各種夢想，但堅持卻成了實現夢想最大的敵人，所以大部分人都只是普通人。

曾在豆瓣上看到一篇文章，講一對年輕小夫妻，一改往日晚睡晚起的惡劣作息，每天晚上十點睡覺、次日早晨六點起床。從此以後，他們的生活發生了神奇的改變。以往早晨在睡夢中掙扎著起床，趕得沒時間吃早餐，如今變成了打掃房間、鍛煉身體、賞花散步、共進早餐，經常做了很多事，卻發現還沒到上班時間，頓感白天可真長啊。

這是一件看起來很簡單，但做起來很難的事。我依照他們的做法，晚上十點睡覺，卻怎麼也睡不著；早晨六點也依舊醒不來，於是第二天就改回了晚睡晚起。今天早晨要幫乾女兒準備早餐，於是急急忙忙、很早起來準備早餐和她要帶的食物與水，等她起床洗漱後共進早餐，送走她後還

特立獨行的貓哲學

有時候看起來很艱難的事，稍微狠心嘗試一下，並多想像它美好的一面，便會給人帶來強大的動力。

很早，我洗衣服、擦地板、收拾完房間也才九點而已。早起雖然有點睏，但堅持一會兒便會清醒過來，這讓我感到心情舒暢。想到如果明天也能繼續早起，那一定能做很多事，比如看一會兒書，安心地做一頓豐盛的早飯給家人吃，或者出去鍛煉身體，即便買些豆漿油條回來也是一件很幸福的事。內心充滿了對明天早晨早起的期待。有時候看起來很艱難的事，稍微狠心嘗試一下，並多想像它美好的一面，便會給人帶來強大的動力，幸福而健康的生活，應該是每個人都願意嘗試並擁有的吧。

如果說有些堅持的動力，來自於生活中的小確幸，那麼能毀滅堅持的惡敵，便是體力。如今的上班族，每天上班就已經夠累了，許多人反映，自己也很想在上班以外的時間做些事，比如看書、讀英文、學點什麼或去兼職賺外快，可體力做不到啊。每天回家只想躺在沙發上看電視，然後昏昏沉沉地睡去，可心裡又覺得這樣的日子太過萎靡，彷彿生活全被工作占滿，而自己的生活裡什麼都沒有，看到別人生活豐富多彩的樣子，心裡便升起深深的自責；如果工作是自己不喜歡甚至痛苦的職業，內心更是會對未來充滿絕望，彷彿自己的未來也一同被黑夜抹去。

對於這個問題，堅持兩個字已很難成為教戰或攻略，更難以成為奮起

特立獨行的貓哲學

我們都對自己的生活有各種夢想，但堅持卻成了實現夢想最大的敵人，所以大部分人都只是普通人。

的正能量。做為常年在下班後仍活躍在個人愛好第一線的我來說，建議大家在心裡把上班和下班分割成兩個世界，潛意識裡可以認為自己白天是在公司裡認真工作的人（或者說帶著生活假面具的人），下班後打開自我世界的大門，回到自己的世界裡做自己。畢竟很多時候我們不能放棄那一份讓我們生存的工作，我們有可能不喜歡，但不管幾點下班，只要下班後就能離開工作的世界，回到另一個允許自己嬌氣、難過、悲傷、開心的小世界，哪怕回來只能睡覺，幸福感也會滿溢，讓心中的力量聚集，做一些自己想做的事。這個觀點看起來有些自欺欺人，卻讓我受益很多年。當我們把二十四小時的世界切開來看，前一個世界的苦惱和辛苦就會自動被關到門外，內心不再去想，身體便不會延續其中的困苦，來自身心的力量，便會重新集聚在新的世界裡蓄勢待發。

據說村上春樹每天凌晨四點起床寫作，然後離開自己的小世界，九點去上班，變身為一個與別人看起來無異的人。第一次知道他這種生活方式的時候，我甚為驚喜，這也變成我期待的生活方式。雖然我仍然無法每天凌晨四點起床，但能從生活中提升自己，而不單純靠語錄奮起，這才是真正穩定、步步為營的人生。

特立獨行的貓哲學

把二十四小時的世界切開來看，前一個世界的苦惱和辛苦就會自動被關到門外，內心不再去想，身體便不會延續其中的困苦，來自身心的力量，便會重新集聚在新的世界裡蓄勢待發。

出路出路，走出去才有路

很多人有這樣的困惑或怨言：在老家的小城市很壓抑；不甘心自己的一生就這樣度過；對自己的工作很不滿意，不知道自己該辭職還是該逆襲……你問我，我也不知道你應該怎麼選擇，人生是自己的，誰也無法代替你選擇，因為沒人能保證你未來的路，再也不會有任何煩惱。

我認識一個和我熟識的快遞員，我在之前的公司跟他合作了三年。剛開始合作時，他負責收件和送件；我搬家的時候，他幫我安排過兩次他們公司的麵包車；有時候他送件會順路把我塞在他的三輪車裡，當貨物一樣送回我家。他時常跟我提起在老家農村種地的生活、進城之前父母的擔憂以及村裡人為他描繪的可怕城市景象。那時候的他，薪水不高，也很辛苦；老婆懷孕，孩子馬上就要出生；住在北京很靠近郊區的地方。一定有很多人會說：「那還在北京混什麼啊！」但他每天都樂呵呵，就算把快遞

特立獨行的貓哲學

並不是說跳槽出去開公司才強，在公司瞪著眼睛看螢幕就差，我是想說，勇氣，改變自己的勇氣。

送錯了也樂呵呵。

有一天，他遞給我一堆其他公司的快遞單，說：「趙姐，我開了家快遞公司，妳看得上我就找我公司吧。」我有點錯愕，頓時有了一種「哎喲喂，張老闆好，今後還能坐你的三輪車嗎」的感慨。之後我很少見他來，以為他孩子生了休假去了。再之後，我只能見到快遞單見不到他。有天我問起他們公司的小快遞，小夥子說老闆去上海了，在上海開了家新公司。我很杞人憂天地問：「上海市場競爭不激烈嗎？新快遞怎麼立足啊？」小夥子嘿嘿一笑：「我們老闆肯定有辦法，他都過去好幾個月了，聽說做得很不錯呢！」

「那他老婆孩子呢？孩子不是剛生還很小嗎？」

「過去了，一起去上海了！」

那個瞬間，我回頭看了一眼辦公室裡愁眉苦臉的同事，舉起手機黑螢幕照了一下自己的臉，一股人艱不拆[3]的氣息冉冉升起。並不是說跳槽出去開公司才強，在公司瞪著眼睛看螢幕就差，我是想說，勇氣，改變自己

3 後現代成語，意指：人生已經如此艱難，有些事情就不要拆穿。

的勇氣。

每個人都覺得自己越活越內向，越來越自閉，不想說話，不想見陌生人，越長大越孤單，以至於產生了「即使換個新環境，我這種性格，大概也不會相處融洽，所以還是待著，忍忍就過了」的思想。與其說自閉，不如說懶，不想突破自己好不容易建立起來的舒適圈，想到去新環境還得重新認識人，搞不好還有幾個合不來的，工作前三個月肯定要卯起來表現，就放棄了；覺得生活環境不好，嚮往大城市，於是看看北漂青年，對比一下自己只能住小套房，這還怎麼過得下去，於是也放棄了；想要開個電子商店，但一想到還要苦哈哈地天天PS商品圖片，進貨出貨鬧不好還得跟客戶吵架，還是算了。於是，大家都活在對別人的羨慕嫉妒恨與吐槽抱怨生活不得志中，搞得剛畢業的人活得跟三十歲一樣。

曾看過這樣一句話：很多時候我們為什麼嫉妒別人成功？正是因為知道做成一件事不容易，又不願意去做，然後對自己的懶惰和無能感到憤怒，便只能靠嫉妒和詆毀來平衡。說得很對。

出路出路，走出去才有路。其實走出去，不一定非要走到什麼地方去，而是要改變自己不滿意的現狀。有人問我：「妳常說要堅持，天天跑

特立獨行的貓哲學

我們為什麼嫉妒別人成功？正是因為知道做成一件事不容易，又不願意去做，然後對自己的懶惰和無能感到憤怒，便只能靠嫉妒和詆毀來平衡。

出去怎麼堅持？」事實上，要堅持的是一種信仰，而不是一個地方，如果你覺得一個地方讓你活得很難過，工作超委屈，除了吐槽和壓抑外沒別的想法，那就要考慮走出去，所謂「夢想失敗了，就換一個夢想。」不能說外面都是大好前程，你趕緊去吧，出門就是大蛋糕，但肯定會認識新的人，有新的機會，甚至是樹立第二人格、改頭換面、重新做人的機會。

很多人覺得在一個公司做不下去，是不是自己能力有問題？因而自卑起來。最近為獵人頭公司推薦人，順便說了句，這個男生被我們公司辭退了，你們要小心點，看看問題在哪裡，別再重蹈覆轍。

獵人頭公司笑笑說：「職場上合不合適，有很多可能和干擾因素，不僅僅是能力的問題，誰說他在這裡做不好，去別的地方也不行呢？」認真想想，真是這樣，職場上總能見到在一個地方待不下去，而到了另一個地方就如魚得水的人。有時候走出去，不僅僅是找到新機會，更重要的是找到適合自己的位置，樹立起人生新的自信。

特立獨行的貓哲學

「夢想失敗了，就換一個夢想。」不能說外面都是大好前程，但肯定會認識新的人，有新的機會。

你必須很努力，才能看起來毫不費力

有段時間，每週要上三天健身課，因為請了私人教練，所以必須在固定的時間，早起去上課。我晚睡，早起對我來說特別困難。但我這人有個特點，認定的事情，一定會去做，要是半途而廢，就不是真心想做。因此，不管晚上幾點睡，早晨我都會摸黑爬起來去上課，好幾次僅僅睡了三個小時就去上課，雖然那幾次體力透支很嚴重，但是自己居然能早起，還是覺得挺有救的。

早起真的很艱難，鬧鐘響十幾遍，還得磨蹭二十分鐘，心想這麼睏怎麼健身、怎麼上班啊！可不管早晨幾點去健身，總能看到一群剛洗完澡正在穿衣服的人。真勵志啊！他們到底是幾點來的？很多人說他們是來洗澡的，可光洗澡也行啊……能一大早起來洗澡，也是一種美德。健身也是，隨著強度逐漸增加，慢慢開始感覺艱難。那些看起來簡單的動作和練習，

特立獨行的貓哲學

高度的自信，是建立在自律的基礎上。

實際去做，才知道其中的辛苦有多少。

雖然我是來塑形的，但看到周圍很多非常胖的減重人，跑步機上一跑一小時，在健身房不斷進進出出換毛巾的場景，覺得非常震撼。我不知道如果自己很胖的話，有沒有信心這樣跑、這麼練，甚至有沒有自信走進健身房的大門。以前看到減肥成功的人，會驚嘆於他們的變化，自己經歷了早起的困難與健身的辛苦後，對他們幾十天甚至幾百天如一日的信心，產生了更大的崇敬，覺得「堅持」、「毅力」都不足以形容他們。

曾看過一個故事，其中有個細節讓我很感動，就是女主角穿著十公分的高跟鞋，跟客戶談生意一整天，人人都覺得她天生麗質，美腿美顏還能穿高跟鞋，可誰知道晚上回家，襪子已經和腳上磨破的傷口黏在一起，得用碘酒一點點消毒才能扯下來。這讓我想起有則網文〈我的舍友是二奶〉。文中提到的這位二奶，每天早晨六點起床，健身塑形，吃飯只吃一點點，每天花三四個小時護膚，各種保健品、膠原蛋白之類的每天吃一大把，細心料理自己的一點一滴，晚上被名牌車接走，半夜送回來。作者覺得非常感慨，不要以為二奶就能輕易得到什麼，沒有人能輕易得到什麼，二奶的辛苦妳受不了，所以妳沒有那樣的容顏與身材。當然不是說二奶很

特立獨行的貓哲學

買來的瑜伽墊，放在角落裡一年多，半夜餓的時候，依然爬起來不顧吃多的危險，去啃餅乾。這樣的日子二十歲能叫自由，三十歲就會看到惡果吧。

光榮，而是說我們以為很輕易的事，往往背後的辛苦我們看不到。沒什麼人天生麗質，只是看你願意把辛苦花在哪裡。

提起早起的動力，還源於我看到的另外一篇文章，講述的是英國五十個不同階級家庭孩子的未來，作者發現一個規律，中產和上層階級的孩子，到五十歲依然能保持較好的身材與容貌，而下層階級的孩子，到五十歲大多禿頂或肥胖或大肚子，而他們的太太也大多臃腫不堪。文中有這樣一段話：

人人都只看到他們與生俱來的優渥家庭教育資源和社會環境，除了更好的生活品質和生活習慣外，其實在體型背後，更是家庭賦予他們的自律自強的精神。我們看到的只是身材，然而身材背後反映了更多事情，因此我們對那些能長年保持體型的人，那些堅持不懈朝目標奮進的人，由衷表達自己的敬意。他們在背後的付出，或許是我們不能設想的。

這段話讓我震驚，也警醒。一直以來過著自由散漫的生活，以為這就是自由，以為這就是瀟脫，可是各種凌亂與不安總是圍繞著自己。買來的瑜伽墊，放在角落裡一年多，躺在床上思考未來時，也恨自己為什麼不去行動，可半夜餓的時候，依然爬起來不顧吃多的危險，去啃餅乾。這樣的日子二十歲能叫自由，三十歲就會看到惡果吧。

早晨八點在健身房踩自行車時，放眼望去，整個健身房裡那些奔跑的、舉槓鈴累到需要吼一下嗓子才能舉起來的、做平衡支撐趴地上吐舌頭的……皆不由得讓我感覺到，輕鬆的生活，是建立在持續努力的基礎上。每當早晨被鬧鐘吵醒難受時，每當想到要跟教練推課時，我總是提醒自己，要做一個自律的人。

早起訓練，為我帶來的改變，除了身材，更多的是精神上的飽滿與自信，不再頭昏腦脹、渾渾噩噩地度過每一天，即便是晚睡早起，也有足夠的精力去面對一天的挑戰，笑容更自信，連打架都更有勁，彷彿回到國高中精力永遠用不完的年代。我開始相信，高度的自信，是建立在自律的基礎上，你必須很努力，才能看起來毫不費力。

你只要行動起來，就不會再抱怨

我收到很多自認為陷入爛環境，不知道該如何努力回到人間的朋友的來信，信中無一例外提到自己對不起父母，想想自己考到這種爛學校就很想哭，想想自己沒多少錢還特別累的工作就絕望，到底該怎麼辦？如何才能出淤泥而不染，讓自己變得優秀？

我不知道其他人是如何定義爛環境的，是同事智商不夠高，還是社會地位太低？學校建設不夠美，還是老師爛得不足以為人師表？我也不知道應該把你放到哪裡，你才會對自己未來有信心。當你抱怨別人的時候，其實你也是被別人抱怨的一員。你吐槽這個環境太爛、周圍人素質太低時，你也是別人口中素質不高的人。

當一個人身處逆境，或真正認為自己的環境很爛要逆襲時，根本沒心情在那裡哭哭啼啼，也沒心思問來問去自己該怎麼辦、該怎麼走出第一步。好朋友Valencine曾經跟我說：「我們之所以對生活充滿抱怨和吐槽，是因為生活裡沒什麼大事。倘若有大事等著我們去解決，怎麼會有閒工夫抱怨？」我一直記著這句話，每當自己有點不滿的時候，就先問問自己，是不是又閒得沒事做了。

我也是從很一般的學校畢業的，儘管現在並不認為我的大學不夠好，但大一入學時我也不太滿意自己的學校。可在報到十天後，我明白了一件事，要想證明高考只是失誤，自己不該是這種學校的學生，就要靠自己努力學習，專心致志地學習，不光要有勤奮，還要有靈氣，不光要有吃苦精神，還要有眼光。現在回想起來，那時候的我總覺得被逼入了絕境，腦子裡根本沒閒工夫跟別的同學一樣抱怨，難過，曠課，或者乾脆談戀愛，滿腦子都是正能量，每天信心滿滿地起床，走向新一天的太陽。

有人說，那妳如何判斷自己的未來一定有陽光？其實這不需要判斷，未來不是判斷來的，未來只能透過打造。這世上很多事情，比如瞄準目標、確定夢想，就好像談戀愛一樣，當你認定一個人的時候，渾身都是力量；當你覺得這個人還OK，沒那麼壞也沒那麼好，才會以無所謂、怎樣都OK的態度去交往。沒人知道未來會怎樣，這世上也不是付出就一定能收穫夢想，但只要用功一天，你的人生就會好過昨天，即便最終沒有預想得那麼好，也好過什麼都沒做的原點。

我大學時一心努力地學習英語，其他事都沒做，儘管我的水準沒有北大、清華的學生那麼好，但我努力向他們靠近。他們考什麼我就考什麼，他們學什麼我不知道，就把圖書館所有的英語教材和書籍都借出來看。畢業聚會時，一個同學翻白眼跟我說：「妳有什麼了不起啊，不就是英語好點才有一個好工作嗎？」哦，是的，就因為我英語好點，所以我有一個好工作，而你畢業的時候什麼都沒有。我不是驕傲，而是想說，只要你努力，只要你肯下工夫，每天變好一點點，儘管未來可能還是什麼都沒有，但哪怕有一丁點優勢，就不會餓死，這世上最不會貶值的投資，就是自己。

很多人想問，我喜歡A，但我現在的工作是B，我想自學B，可我該怎麼學呢？如果你從小學到大學畢業學了十六年都還不知道該怎麼自學的話，我也不知道能說什麼。所以，大部分人問這種話，並不是想要知道學習方法，而是想知道走捷徑的方法。如何能每天不需要學習就考高分？如何能每天吃喝玩樂又記得住單字？如何能每天上午十點起床，晚上十點睡覺，還可以上班沒壓力、月底拿高薪？如何能每天下班後吃飯看電視，還

特立獨行的貓哲學

我們之所以對生活充滿抱怨和吐槽，是因為生活裡沒什麼大事。倘若有大事等著我們去解決，怎麼會有閒工夫抱怨？

有時間學新東西？這世上沒有什麼學習方法是每個人都適用的，最好的學習方法，就是經過不斷嘗試與碰壁後，摸索出屬於自己的方法；這世上也沒有多餘的時間給誰，無非是抓緊時間和早睡早起。總說「我就是記不住單字怎麼辦」，你真的用腦子背過嗎？記不住就抽你一下鞭子，或記得一個單詞給你一萬塊，你還會記不住嗎？

以前看過這樣一段話：「我們常常在課堂中發現，那些乖寶寶總是等老師給標準答案，當他們發現老師並不提供這樣的服務時，便手足無措地愣在那裡，不知如何是好。他們怕沒有固定答案的題目，怕寫自由命題的隨筆，怕自己在不知道什麼時候、什麼地方犯錯。他們心裡有一種不確定的恐懼，除非不斷得到別人的肯定和讚美，否則就會覺得自己做得不夠好。」我們總埋怨國家的教育體制不夠完善，可如果你是這樣的人，那無論教育體制如何改革，你也不會改變。

別再哭著說你有多麼不幸的家世，以及飽含期盼的父母，富二代、官二代的父母也沒有不抱期待。關鍵是，倘若你覺得自己家境平庸、父母懦弱，就努力，狠下心帶領全家走向發家致富的新道路，好嗎？別埋怨他們給不了你什麼，而要想想自己長到二十幾歲給過他們什麼。

特立獨行的貓哲學

沒人知道未來會怎樣，這世上也不是付出就一定能收穫夢想，但只要用功一天，你的人生就會好過昨天。

所以，認真檢視自己的目標，目前的計畫和打算，以及做出了怎樣的努力，遇到了怎樣的問題。我相信你只要行動起來，就不會再抱怨。

特立獨行的貓哲學

最好的學習方法，就是經過不斷嘗試與碰壁後，摸索出屬於自己的方法；這世上也沒有多餘的時間給誰，無非是抓緊時間和早睡早起。

要有勇氣嘗試不擅長的事

以前參與過一個專案，裡面有項內容是拍TVC（電視廣告），好在有導演、有攝影，我主要做一些協調的工作，比如文案、道具、場地、溝通之類的事。這些事沒多難，可也不容易，更關鍵的是，我從沒做過，這一直以來也不是我工作範圍內的事。要是在以前，我肯定會推給熟悉這方面事務的同事，可這次偏偏覺得自己沒做過，便很想做做看，儘管我已預料到可能會做得有點吃力不討好，甚至糟糕。

先說文案，寫了兩版，導演都不滿意，但客戶滿意；又寫了三四版，導演覺得不錯，客戶說不好；文案折騰兩輪沒靈感了，換個人寫，又寫了六七八版，可是不同人不同意見……直到見演員前一分鐘，導演才在車上定下文案……到了錄音室，發現導演自己悄悄寫了兩版文案，等一起錄音後再做定奪，真是敗給他了！

再說說道具，導演每次拍之前，都會給道具清單，要我去準備。我從淘寶找到實體店，從大商場找到菜市場，從市區找到郊區，最後在淘寶上找到一輛文藝風的自行車，自己去取貨，結果塞車被堵在郊區，搞不清楚是哪裡，直到半夜，最後還是店主騎車把我送回家。

然後說溝通，要說公關最重要的能力就是溝通，但溝通絕不僅僅是傳個話那麼簡單，遇到拍片這種自己不懂的事情，就需要各方協調。有時候場地明明已經定好，卻突然說不行；有時候是演員臨時不能來，要換人；有時候是場地費太貴，為節約成本，費盡心思去砍價；有時候是導演覺得還需要點什麼東西，要趕快去調配……

當然，還有其他種種，就不一一列舉，總之就是時間緊、工作重，一場貨真價實的硬仗。拍攝當天凌晨四點進棚，瞪著眼睛待在那裡，不敢瞇眼生怕睡死；戶外戲從早晨六點到中午十二點，穿著羽絨衣還得全身貼暖暖包，假期買的那點存貨三四天全用光了；為了搶拍夕陽，突然跳過一個景點，火速趕往下一個高臺，慌慌張張的連電話都來不及打……

第一次做事是這麼屁滾尿流的狀態，辛苦和艱困自不用說，可看到TVC成品時，感動得要流下眼淚。在長約幾分鐘的影片裡，彷彿看到了同事去菜市場買釣魚線，回來被我們嘲笑怎麼一身魚腥味；看到了店主騎著車送我回家；看到了剛開始各種不協調、不允許、做不到的事，到最後一件件都變OK時的笑臉……

客戶說：「妳好好跟導演學，下次自己拍電影的時候就用得上了。」對於我來說，收穫何止如此，如何扣題寫文案、如何快速買到道具、導演為什麼如此構思、如何拍出只有在電影裡見過的畫面角度等，全都是一種好奇心的滿足，一個學習全新領域的機會，儘管做得可能不夠俐落、不夠好，但箇中的辛苦與成長，只有自己體會得到。

總有人問我，想要選擇適合自己的工作，可不知道自己的長處是什麼，上班之後發現做什麼錯什麼，日子過得很艱難，對未來一片迷茫。其實我也不知道自己喜歡什麼，擅長什麼，唯一能做的，就是不斷地去觀察和實踐，比如買家具時對木工產生興趣，不理解實木家具為什麼那麼貴，可上了木工課之後，在木屑亂飛的木工房裡連個湯匙都做不好，便再也不嫌貴了；比如買了很多貴的衣服，覺得裁剪應該很容易，可真正去上服裝設計課，兩個小時就聽不下去了……做得多了就明白，這世上沒有誰天生就了解自己，都要靠一次次親身參與，才能知道自己的愛好與特長，才能更深刻地認識自己。這世上沒什麼靈丹妙藥，讓你坐在電腦前或躺在被窩裡隨便聽一聽，就能看到自己光明的未來。

有句話說得好：「越是艱難的時候，進步越快。」可又有多少人能真正體會其中含義，並願意去體驗各種滋味呢？見過很多人，說不想做公務員喝茶看報紙枉費一輩子，想要做有挑戰性的事，可其實公務員也沒那麼輕鬆；給你點艱難、需要歷練的事情，又說自己不適合，吃力不討好，白費了自己獨特的個性。所以，到底應該讓你做點什麼事情，才能恰到好處地舒舒服服呢？其實這就是萬惡淵藪：想得太多，做得太少，稍微遇到點困難，就不肯再往前走。確實，認識自己並不是一件容易的事，就像交朋友，要經歷一些事情，才能認識得更清楚。

跟TVC的導演聊天時，他說：「我們這個行業非常辛苦，天天不回家，日夜顛倒過日子。開拍之前對每一個創意都傾注非常多的心血，如果聽到別人說不好，就會特別難受，經常還得給自己正能量，鼓勵自己，再接再厲。每次把東西做好後，客戶老說感謝我們，其實不用感謝，我們就是吃這碗飯的，就應該這麼做。」

聽到這句話時，我正在場地收拾道具，窗外漆黑又陰冷，可心裡卻溫

特立獨行的貓哲學

這世上沒什麼靈丹妙藥，讓你坐在電腦前或躺在被窩裡隨便聽一聽，就能看到自己光明的未來。

暖許多。人要有勇氣嘗試自己不擅長甚至有挫敗感的事，並要不斷地「補充正能量」以保持熱情。或許你不會以此為生，但一輩子嘗試一次，也是珍貴的體驗，能更深刻地理解這萬千世界的不易與不同。

特立獨行的貓哲學

這就是萬惡淵藪：想得太多，做得太少，稍微遇到點困難，就不肯再往前走。

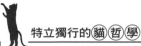

如果連死的勇氣都有

在一個講座上，偶然認識了一位朋友。她的故事，帶給我很大的震撼，讓我鄙視自己每日「無病呻吟」。在取得她的同意後，我原本想為她寫篇文章，加入我的思考和心得。結果，嘗試幾次後，我發現無法解析她，因為我還沒有死的勇氣，我希望能原汁原味呈現一個真摯而純潔的心靈，一如她之後寄給我的郵件中，那段讓我感動落淚的話：

我現在仍然是個在物質生活上什麼都沒有的普通人，沒有漂亮的臉龐，沒有好身材，沒有優秀的學歷，沒有社會經驗，但我仍然懷抱希望努力去生活，英語不好可以學，不懂可以問，我什麼都不怕，因為我想好好活下去，認真地活下去。現在我自己獨立生活，每天早出晚歸，自己賺錢，走出校園去擠公車，去當服務生，去做各種工作，很累，但我很充實。服務生不可恥，因為我靠自己的力量生活；實習生也不卑微，因為我努力生活。我現在很快樂，我熱愛生命，我要熱情地去生活。

她發給我的郵件中，這樣敘述自己的故事：

總是聽說這個學校一個學生跳樓了，那個學校也跳了一個，大家在討論的時候，彷彿逝去的不是生命，而是稀鬆平常的事，見怪不怪，或只是象徵性地遺憾一下。我在想，當跳樓變成一種常態，我們可能連遺憾都懶得說了。而每次聽到這樣的消息，我都很心痛，可能是感同身受吧，我曾經經歷過的歲月，那些過往，一幕幕在眼前重現，我想我必須說點什麼。

不知你身邊是否有這樣的人，他們每天沉迷於網路或遊戲，或什麼都不做，生活墮落，性格乖張，是老師、同學眼中不合群的分子。我曾是這樣的人，過這樣的生活，冒昧地請你聽聽關於我們這樣的人的故事。

二〇〇六年，我來到北京上大學，在這之前，我跟大家一樣，經歷了殘酷的高考，幸運地考到了北京的大學。在我們家鄉，北京就像天堂一樣，只可仰望，不可企及，而我居然考上了，我是父母眼中的驕傲，整個鎮都知道我有出息。我懷抱新奇感來到北京，這樣繁華、高檔的生活，帶給我許多刺激。我的家鄉是個偏遠小鎮，但由於我父親上過大學，而且當時家裡辦了一個培訓學校，家境不錯，中學時我也是上市區的學校，並不是沒見過世面，但北京還是帶給我許多震撼。在來北京之前，我從未擁有超過一千元人民幣的零用錢，是年級裡的優等生，鄙視玩世不恭的人，非常中規中矩，那時我認為燙頭髮都是壞學生的行為。

當最初的興奮過去後，我很失落。原來我周圍的人都很優秀，我很普通，我失去了被人捧在手心的感覺。而且我很土，沒有時尚、漂亮的衣服，對很多新鮮的事物也不懂，可我又很羨慕那些穿著時尚又懂很多東西的人，我除了念書什麼都不會，不會彈琴，沒有特長。再者，原來我的學校，在北京也只是一所普通的重點大學而已，在這之前我一直很驕傲自己考上農大。但周圍的輿論告訴我，農大其實備受歧視，我開始羨慕清華的同學，多大的校園，多大的名氣啊……

這種失落感一直延續到大一結束，包括念書，過去我是那麼優秀，而現在我聽不懂老師講的課程，這在過去是絕不可能發生的。

我開始變得虛榮，大一時每個月我有一千元生活費，我買很多名牌衣服，買新手機、新MP3，去看電影，我甚至認為吃金鳳呈祥蛋糕是身分的象徵……我的生活變得不正常，過去十七年我一直規規矩矩地生活，沒有想過蹺課，睡懶覺不去上課，或是刷卡買好多東西。

我澈底放縱自己，刻意去學別人說話，因為我的普通話不好，有口音，當時我特別羨慕北京人說話的腔調，我急切地想變成一個城市人，一個時尚的人，不再是一個什麼都不懂的農村女孩。這樣的生活持續了一年。當時我還加入學生會，我是抱著很大的期盼進去的，卻發現很多東西不是我想的那樣，有些人拿權力當炫耀的本錢，把指使我做為自己居高臨下的墊腳石，不受尊重、強烈的屈辱感，讓我選擇離開。現在看來，其實很多事情是我自己造成的，比如給別人一種沒有能力的感覺，沒有抓住機會，這些都是我自己造成的，但當時的我，意識不到這些。

第二年，家裡替我買了電腦，結果情況變得更糟糕。我大一時非常羨慕別人有電腦，覺得很高檔，這下自己有了，就整天沉迷於電腦，上網看小說，通宵看電影，整個人都變了，這一年我被當了，但我無動於衷，繼續這種生活。

那時候周圍的人都很瞧不起我，他們總用一種同情加鄙視的目光看著我，老師也是，找我談話。可在我看來這是侮辱，只有壞學生才會被約談，我很排斥老師、同學。我很喜歡回家，可以跟別人誇耀我在北京的生活，他們都很好奇，而且一直認為我很優秀，這大大地滿足了我的虛榮心，其實這個時候的我，已經陷入一種病態的心理卻不自知，我欺騙父母，欺騙親人，欺騙自己。

我很痛苦，整夜失眠，我很迷茫，十八年來第一次懷疑自己到底在過什麼樣的生活，此前我一直按照別人為我安排好的路走，沒有質疑過。我讀大學到底有什麼意義？這念頭從大一開始就困擾著我。每天認真念書到底為了什麼？我在念什麼？事實上，我對自己很不滿意，不滿意自己的狀態，偶爾去聽講座受點刺激，會振作一兩天，但緊接著又會困惑，將我打回原形，我不知道自己為什麼要去學習，學什麼。我還看不起那些認真學習的人，覺得他們跟我沒有區別，也是渾渾噩噩的，什麼都不清楚，就知道念書，過別人安排好的生活，並不是自己真心想學習，我覺得他們都是木偶，被擺弄的木偶。

我很清楚自己的狀態，卻不知道怎樣去改，當一個人覺得生活沒有意義，學習也便沒了意義。我就這樣鑄造了一個鐵桶，把自己圍在裡面，暢想成功，幻想擁有一切，但又極度痛苦，那時我真心不想失眠，不想通宵上網，可又不知道自己該做什麼，難道生活就這樣一直下去嗎？

在這個節骨眼，發生了兩件對我打擊極大的事。第一，我爸媽要離婚；第二，我妹妹死了。我的痛苦達到巔峰，我妹妹只有六歲多，得了白血病，雖然知道她總有一天會死，但沒想到來得這麼突然，我和她生活了五年，對她吐血已經習以為常，但對於她的死亡，卻以為只是玩笑而已，最後那一年，我連幫她倒一盆盆的血都已無動於衷。醫生說她只能活三年，但她五歲了都還挺好，我以為她會一直活下去。接到電話的時候我沒有哭，哭不出來，我不知道這時候我已罹患了嚴重的憂鬱症。我恨那些不幫助我們的人，恨那些不讓她上幼兒園的人，恨那些透過有色眼鏡看她的人，我甚至恨那些被救了的人，為什麼死的是我妹妹？但我最恨的是自己，恨自己沒有努力，恨自己眼睜睜看著她死。我對她一直很嚴厲，因為我相信她會一直活下去，所以不希望給她特別待遇，這是我給自己編織的夢。當夢碎了，我恨自己為什麼對她那麼嚴厲。

暑假回家，爸爸發現了我的情況，他不敢相信自己優秀的女兒，引以為傲的女兒，竟然變成了這樣，但他沒有罵我，他的沉默，讓我開始內疚，開始反省，開始改變。

可是，有些東西一旦變成習慣，想改不是那麼容易的。我的情況就是三天晒網，努力幾天就堅持不下去，受點刺激就努力一下，當時的我相當敏感，別人無意識的舉動，我都會認為是瞧不起我，當然，現在回想起來，其實很多人不是想傷害我。最重要的是，我依舊缺乏動力，依舊很迷茫，就算是為了父母，可我並不是心甘情願去做，依舊覺得這樣的學習沒有意義。

我同意一種說法，就是興趣建立在成就之上，我過去一直拿不感興趣當藉口，到底是不感興趣，還是因為不擅長才給自己找藉口，我也很迷惘，不知道自己到底對什麼感興趣。看小說可不是興趣，我到底擅長什麼？

過去十幾年，我沒有思考過這個問題，認為只要念書就對了，當我一個人時，這些問題排山倒海地襲來，我並不清楚自己到底對什麼感興趣。我是指能夠讓我有「衣帶漸寬終不悔，為伊消得人憔悴」的決心去做，而且很快樂，可我沒有發現這樣的事，我也質疑過到底是因為不擅長才不喜歡嗎？那個時候的我，非常想要有目標、有夢想，想為一件事付出，可我不希望是盲目跟風，所以說，有夢想是件幸福的事。

在這樣的矛盾、痛苦之中，第二次打擊來了，爸爸破產了，我曾經富有的家庭，負債二十多萬，我的生活瞬間跌入谷底，爸爸委婉地告訴我，希望我減少生活費。我猛然發現自己變成父母的負擔，而不再是驕傲；禍不單行的是，我痴戀五年的人告訴我，他不愛我，我隱約有感覺，就是不願承認，或許我把生活的希望都寄託在他身上，我並不是多愛他，而是生活中必須找個人去愛，否則不知道自己還有什麼事情可做。在這樣的打擊下，我終於崩潰，病了，整個人失去生氣，不是因為沒有錢，而是一切突然殘酷地擺在我的面前。我這麼差勁，那麼多人瞧不起我，受不了別人鄙視的眼光，受不了父母期盼的眼神，其實最受不了的，是我對自己失望，我想去死，想結束自己的生命，但我有不捨，有不甘，我不想讓父母以我為恥，不想讓嘲笑我的人活得那麼好，我承認最初放棄死的理由是恨，是滿腔的恨，最後，我的理智戰勝了情感。我很慶幸自己在最絕望的時候，沒有放棄自己，即便全世界都放棄了我，可我沒有放棄自己。

病好了，我開始認真反省，我給自己一個學期好好學習，給自己一個機會找尋興趣。我認真地學習，生活漸漸恢復正常，這期間我想了許多辦

特立獨行的貓哲學

興趣建立在成就之上，到底是不感興趣，還是因為不擅長才給自己找藉口。

法克服自己的缺點，包括各種激勵法等。我受夠了那種睡不著、痛苦萬分的日子。我開始努力學習專業知識，一個學期下來，我的成績提升到中等偏上，但我不快樂，一直找不到歸屬感，至此我知道我是真的不喜歡。我很佩服那些可以將自己不喜歡的事做到卓越的人，我無法說服自己去做，所以我開始澈底地分析自己。此時已是大三下學期，我喜歡什麼？我擅長什麼？哪些事情我不反感，可以心甘情願去做？

我發現我擅長分析人的心理，尤其長期自閉之後的我，可以幫助別人分析問題的癥結，並很快找到解決辦法，我喜歡自由度大、自我發揮空間大的工作，可能是機緣巧合吧，這時我接觸到戰略管理，一個特別需要用分析能力去策劃並解決事情的科目，可我不能立刻去做，我必須透過一個管道來實現我的興趣，我想學習這個專業，於是我決定考研究所。不是跟風，不是為別人、為父母，而是為了我自己，我願意努力，去實現我的興趣。

開始準備考研究所已一個多月，我發現自己很快樂，一種在路上的感覺。不僅僅是考研究所，對我來說是主宰命運的開始，我找到了想做的事，找到了現實與夢想的契合點，如果需要經過某些過程才能實現夢想，

特立獨行的貓哲學

有夢想是件幸福的事。

我願意去經歷。我很幸運，所有的苦難都不是白費，一切都值得。曾經那麼青澀那樣稚嫩的我，一度無法接受過去的自己千瘡百孔，現在我想我可以正視過去的自己，沒有那些痛苦的過去，就沒有現在的我。

我把自己的經歷說出來很冒險，可能會被說成沽名釣譽，可能會受質疑，但如果你是一個正處於我所說的狀態的人，希望你知道一切還不晚，只要你願意去做。

我們身邊一定有這樣的人，如果你是，我想告訴你，你是幸運的，因為這是你主宰自己命運的開始，雖然這個轉變很痛苦。正因為人有靈性，所以不想一輩子庸庸碌碌，不想一輩子跟風……擁有這種想法的你是幸運的，可我們這樣的人，一旦選擇了這條路，這不是常規、鋪滿鮮花的路，可能沒人支持、不被理解、會被嘲笑，但請不要放棄，我們選擇的是一條有很多異樣風景、充滿思想光輝的路，很多人沒能走下去，選擇了結束生命，我希望你不要，不管經歷怎樣的痛苦，都不可以放棄，我相信你一定有不捨、有不甘，不要為了恨而終結自己。結束自己是愚蠢的，嘲笑你的人活得好好的，而你卻失去了生命。

如果你恨，最佳的做法是活得好好的，用冷漠去對待嘲笑你的人，對

特立獨行的貓哲學

即便全世界都放棄了我，可我沒有放棄自己。

那些人浪費任何感情都是不值得的。他們不配讓你恨。堅持下去，我們不僅僅能收穫成功，還有快樂、充實、多彩的人生。你想想，一個有思想又願意努力的人，怎麼可能不成功？一個人可能很努力，但沒有自己的思想，他一輩子不知道為自己活，比起你經歷的痛苦，這簡直是悲劇。很慶幸你有思想，只要堅持下去，所有的苦難都是值得的。一個永遠按照安排走、永遠聽話的人，一輩子都不會受到質疑，永遠受表揚，但這樣的人生其實才是悲劇。有篇文章叫〈乖孩子為何沒糖吃〉，主人翁人到中年才醒悟，而你現在就知道了，很幸運對不對？如果你來自農村，請不要自卑，我們農村孩子有的是韌性，不要懷疑自己，你永遠是家鄉人的驕傲！

生命是最寶貴的，不要因為衝動，不要因為別人就輕易說再見，如果連死的勇氣都有，還有什麼能阻擋你成功？我都可以自救，你也一定可以。

特立獨行的貓哲學

如果需要經過某些過程才能實現夢想，我願意去經歷。我很幸運，所有的苦難都不是白費，一切都值得。

你只需努力，剩下的交給時間

有一次上健身課，內容是拳擊。我打了半場，下來後坐在場邊休息、喝水。我問教練：「教練，你說我以後能當教練嗎？」其實，我並不想當教練，無非是沒話找話說，這樣一來一往，能替自己爭取多一點休息時間，要知道我旁邊坐著的這位，可是健身房裡著名的鐵血教練啊。

「妳不能。」教練看都沒看我，一邊喝水一邊說。

「為什麼？」我很詫異。雖然我腰腹還沒練到平坦，但志氣比天高。

「我從來沒想過我會當教練。」教練開始講故事，「我小時候第一次學拳擊，是十一歲，自己喜歡，打了幾年，教練說我可以參加比賽，於是我就去了。那段時間參加了一些比賽，獲得一些獎，身體也強壯很多，之後慢慢開始接觸健身，自己練。練了一兩年，身體成熟了，進步得特別快，後來又陸續參加一些健美方面的比賽。之後，教練要我做他的助教。

在做助教期間，教練要我去考健身教練的各種資格證照。從十一歲開始到我真正當教練差不多十年吧，到現在已快三十年。我就是這麼走上健身教練之路，從老家的訓練館，一步步走到北京的健身房，這麼慢慢地走過來的。」

我的教練是個鐵血但不善言詞的人，我明白他的意思，就是「妳必須真的熱愛並努力，而不是從一開始就想著結果。如果我的目標是當教練，就做不成好教練，頂多是個用一兩年練出好身材就敢指點江山的半瓶水」。於是，我突然想到，不時有網友問我，說自己想賺點外快，因此想投稿，問我該如何寫作，或者寫什麼樣的東西比較容易發表。這問題我回答不了，因為我也是一直寫，沒想過什麼結果。

豆瓣有篇挺有名的健身文章，叫〈時間是怎麼樣劃過了我皮膚〉，光看題目就深有感觸。我記得第一天跟教練做身體測試時，各項結果差到臨界點，乍看整個人腰肥、腿粗、臀沒型，儘管衣服買貴點可以遮蓋這些問題，但心裡總覺得有些自卑。

現在差不多練了兩個半月，雖然還沒練到歐美風，但腰細了，臀翹了，腿和手臂都有力很多，甚至每週三四次狂出汗，讓皮膚好到不需要用任何磨砂膏和潤膚乳的地步。這一切是怎麼得來的？我比誰都清楚，是用每一個早晨睜開惺忪的睡眼、哀號著勉強起床、在健身房裡深蹲訓練、從徒手到負重三十公斤的艱難付出換來的，是挑戰了很多當時我覺得根本做不到的動作和重量而實現的。我已很多年沒有大汗淋漓，沒買過運動服，沒穿過運動鞋，甚至已忘記了汗水的味道。那次拳擊課下課時，教練邊幫我解手上的綳帶邊說：「挺賣力的啊，連綳帶都溼透了。」健身塑形這種事，時間是最好的答案。

我豆瓣上有位友鄰，他剛開始寫豆瓣、粉絲只有幾個的時候，寫信給我，告訴我他想好好寫作。我關注了他，看著他在過去兩年裡，每兩三天寫一篇文章，非常認真。有好幾次我還留言給他，說：「你沒工作嗎？寫這麼勤，完全不像一個已婚、剛有小孩、還有工作在身的人能做到的啊。」他說就是想到了就寫出來，隨性而為，沒什麼特別累的感覺。現在，他已有幾萬人關注，而他還是那麼頻繁、那麼勤奮地寫作。另一位友鄰是福根兒，我前不久剛看過他的頁面，在他的空間裡，沒看到什麼非常文藝的文章，但我看到他有一千六百多個主題相簿。一千六百個是什麼意思？我太震驚了。我相簿裡連一千六百張圖都沒有，更別提一千六百個相簿。這是要用多大的熱情，耗費多少時間，才能建立起來的數字啊！

我曾在新東方看到這樣一段話：「如果從一開始就選擇可以實現自我的工作，並全心投入這份鍾愛的工作，那麼只要公司體制健全，機制完善，升職加薪和精神上的收穫，便會隨之而來。」對於能做這種選擇並為之全力付出的人，我一直特別敬佩，也特別尊重，他們有一種韌性，叫「低頭努力」，至於剩下的，就交給時間，時間會公平處理這一切。

特立獨行的貓哲學

你必須真的熱愛並努力，而不是從一開始就想著結果。

每一條道路都有風景

好朋友小易去了一家久負盛名的民生消費品公司上班，既然久負盛名，自然期望很高，能成為其中的一員，每天都歡天喜地。可過沒多久，我發現她每天發出的微博都顯得疲憊不堪，困難重重，每天她都在給自己正能量，鼓勵自己。我們聊過很多次，她跟我講了很多故事，來表達她的不習慣和不認同。起初，我拿出我的「正能量」來鼓勵她：改變自身，適應環境，開放心態，投入新的環境，堅持堅持再堅持，挺住挺住再挺住。這是我一貫認同的做法，搞不定的就更要衝上去，克服困難才是人生進步的指標，可事情似乎變得越來越糟糕。

我仔細想了很久，她沒什麼大問題，但小問題不斷，而這些小問題，大多是由於性格或思考方式不同造成的，僅僅是不同，並沒有什麼好與壞的差別。可很多時候，緣分不是好壞能決定的，而是氣場，就像兩個年輕

特立獨行的貓哲學

在一條錯誤的道路上，或者說一條讓自己不舒服的路上，堅持下去，並不是一件美好的事。

人談戀愛，沒感覺並非誰是壞人，只是不合適而已。

可多數時候，我們都不這麼想，而會覺得自己不夠強。在做決定時，我們都會小心翼翼，但一旦做出決定，就一定要讓這個決定變成正確的，不願意承認失敗。我收到很多網友的來信，一半講自己的現狀，問應該做怎樣的決定；一半講自己做決定之後的現狀，問要堅持多久，才能看到結果，以及還要不要堅持下去。如果是以前，我會斬釘截鐵地說：「你這才堅持了多久，就想看到結果？」可小易的事讓我意識到，在一條錯誤的道路上，或者說一條讓自己不舒服的路上，堅持下去，並不是一件美好的事。

想通了之後，我跟小易說：「不如放棄吧，這家公司固然好，可如果這樣下去，妳沒有時間跟男友安心看電影，沒有時間回家跟父母一起吃個晚飯，甚至每一天都要過得小心謹慎。不能說工作一定要每時每刻都快樂，但如果讓妳每時每刻都不舒服，那這一切不是因為妳不夠努力，而是因為你們在個性和思想上不合，就永遠不會快樂。」

其實那段時間，我也一直被這件事纏繞，甚至困惑。我不知如何去分辨是不夠努力，還是思想上不合。或許，這只是一種感覺。有時候我們經過努力，得到了一個特別珍貴的機會，就覺得自己已經擁有了它，因此

特立獨行的貓哲學

有時候我們經過努力，得到了一個特別珍貴的機會，就會格外堅持，絕不放過自己。

會格外堅持，絕不放過自己。我的前老闆曾說過一句話：「人的第六感很靈，當你覺得心裡不舒服或哪裡不對的時候，就一定是有不對的地方。」一份工作無法時時刻刻給我們驕傲、快樂和成就感，而且無論如何努力，你都很不舒服，或許這就是應該放過自己的徵兆。

小易辭職了，本來還擔心下一份工作什麼時候能找到，萬一拖太久找不到，那在北京的生活如何維持？可就在她辭職後的一個星期，她男友說：「我喜歡現在開心、快樂、沒有負擔的妳，我寧可妳就是一個普通的女孩，而不是每天憂鬱、焦慮、為未來擔憂得睡不著覺的職場女強人。」那天，男友向她求婚了。現在的小易還沒有開始上班，而是全心全意準備婚禮。人生，開始展開新的一頁。

真的，我很感謝小易，感謝她改變了我的想法，讓我學會放過自己。很多時候，我們都在逼迫自己，逼自己做好做完美，為自己的一點點小錯自責不已；逼自己成為一個外向開朗、人見人愛的人，而對自己的內向和不善言詞感到不知所措；逼自己成長為那種西裝筆挺、坐頭等艙、住五星級飯店的成功人士，而為自己目前還蝸居在亂糟糟的合租公寓感到焦慮、抑鬱。我們每時每刻都在逼自己成為另一個不認識的自己，到頭來根本不

特立獨行的貓哲學

我們每時每刻都在逼自己成為另一個不認識的自己，到頭來根本不知道自己想要什麼 。

知道自己想要什麼，因為我們的內心，早已變得堅硬無比。

小易的事之後，我在生活和工作上也面臨了很多選擇，簡單的、困難的、順利的、麻煩的。如果在以前，遇到簡單和順利的事，會自信心爆棚，而遇到困難和麻煩的事，自然會焦躁和埋怨為什麼是自己。可這一次，面對眼前的任何選項，我都變得淡然。順利的要做得更好，麻煩的正好可以鍛煉自己。世間每件事的發生，都會讓自己變得更加強大與成熟，世間的每個選擇，都沒有好壞之分，每條路上都有不同的風景，關鍵是自己要懷著怎樣的心情，來接受生活所給予的機會與愛。讓生命變得柔軟一點，不要一味用世俗的標準來指引自己。

特立獨行的貓哲學

世間每件事的發生，都會讓自己變得更加強大與成熟，世間的每個選擇，都沒有好壞之分。

當你竭盡全力，上帝自會主持公道

「當你竭盡全力，上帝自會主持公道。」寫下這句話時，我已經非常愉快地工作了一天，儘管這一天我非常忙碌，處理了很多疑難雜事。之所以這樣講，是因為我相信這句話，它在我的工作和生活中，發揮了異常美好的效果。

對於這句話，我想說一件特別小的事，但這件事直到現在回想起來，我仍特別感動，就是我考多益的經歷。我大學一、二年級是在東北一個很小的城市裡讀的，那個小城教育資源有限，想買書全靠當當網、卓越網全國調貨。大二某一天，我突然想起有多益這麼個考試。當時多益剛引進中國不久，考過的人非常少，資料又缺乏。

我是九月下旬決定報考的，決定之後，便讓遠在北京的舅媽及熱心的朋友幫我報名，而我在寒冷的東北小城圖書館地下室，找到一套珍貴的多益講義。我非常激動，借了這套講義，回宿舍研讀。考過的人都知道，多益一半的分數在聽力上，聽力考試時間為一百分鐘，對於習慣了考二十分鐘聽力的我們，很容易半路陣亡。而圖書館裡沒有錄音帶，我借到的那套講義只有書。

這時我又做了個決定，利用國慶假期，到北京報名多益補習班，順便買了全套的錄音帶。在補習班附近，我和另一個同學租了間小民房，買了兩大袋的泡麵，便開始了學多益的歷程。每天下午三點進教室上課，一百道聽力竟然錯六十道，搞得我一點信心都沒有了；晚上九點半下課，天狼星都出來了，才坐公車回住處，煮麵吃麵聊天睡覺。

這樣的日子過了整整七天，期間和同學一起買書買錄音帶，認真地把老師提到的資料都記下來一本本找。貴的就跟同學合買，能網上找到的就盡量在網上看，能燒光碟的就找人燒光碟……這七天，我的自信心嚴重受挫，老師說錯三十道聽力題的可以回家練練再來，我大概是那個可以回家洗洗睡的。我不知道我收穫了什麼，但我真的很委屈，我盡力了，真的。

回東北之後，我制訂了近乎苛刻的學習計畫，每天五點起床，到頂樓自習室學習，晚上念到十二點回來睡覺。這期間偶然認識了一個學校的外籍教師，畢業於雪梨大學，人很好很善良，他說自習室太冷，幫我辦了外籍教師閱覽室的卡，每天可以隨時出入外籍教師區。

我們相約每天早晨一起跑步，一起吃飯，然後回來念書，他學漢語，我學英文，互相輔導。我承認我有狹隘的民族主義傾向，他也有，於是我們比賽誰起得早，最終變成四點半起床，四點四十五分閱覽室見面。有好幾次我戴著耳機聽那倒楣的一百分鐘聽力，看到他睏得睡在我桌子旁邊的沙發上。呵呵，我那狹隘的民族主義獲得了暫時的勝利。那時我沒有筆記型電腦，宿舍裡沒電視……於是，每個週末晚上，我都去外籍教師那邊看美國原聲電影，其實那些電影他看過很多次，此時只是陪我看，我發現每次我看，他都睏得打瞌睡，對此我感到格外抱歉。

在這過程中，我認識了一個北京的哥哥，他幫我燒了一些北京考生用的聽力光碟，還買了一些書寄給我，不斷地鼓勵我，安慰我，說十二月我們一起上考場，一定要加油，考完試帶我去吃北京小吃。我決定相信他，相信幫了我很多忙的這位大哥哥。

臨近十二月，我意外發現老師替我報了英語六級考試，而我卻忘得一乾二淨。我嚇了一跳，我完全沒有複習六級，都耗在多益上了。兩個考試的範圍是完全不同的領域，我慌得手足無措，而老師給的壓力又很大很大。十二月二十日的多益考試悄悄到來，我再次進京在北京大學考試，從入場到聽力到筆試到出考場，我都沒什麼感覺，畢竟已經練了很久，再糟也就這樣了。出了考場，我沒有找到那位大哥哥的電話，只收到一條簡訊：「其實我沒有考十二月的這場，怕妳失望，一直沒有告訴妳真相。我只是陪著妳考，妳考完了，我就放心了。」我很鬱悶地坐在北京地鐵上，不知道做何感想。

十二月二十五日，六級考試，也就是我從北京返回東北之後的幾天，上帝在這個時候出現，六級聽力順利考滿分，作文滿分，臨時抱佛腳總分超過六百分，雖然不高，但對於一個單字都沒背的我來講，知足了。接下來是緊張的期末考試，壓抑的考試折磨了我十天，我以為我把過多的精力放在英語上，至少會被當掉一門課，但神奇的是，我居然很安穩地通過所有的考試，而此時多益成績也下來了，我拿到了意料之外的高分。

隨後的一個學期裡，我意外爭取到北大交流學習的機會，我來到了北大，在之前考多益的第三教學樓，開始新的生活。而此時那個大哥哥也出現了，他知道我突然來北京上學，沒有學校宿舍、沒有人身保障的日子不容易，於是他給我一張提款卡，他每個月都在裡面存三百元，算是資助我在北京的生活費。直到今天，那張卡還在我手裡，密碼是他的生日，幾年過去了，我依然在用這張卡，密碼從未改過。我一直覺得，我現在願意幫助別人的動機，主要源自於他當年無私的幫助，讓我看到了溫暖的「太陽」。

現在每次逛書店，都會看到一大堆多益的資料，讓我不由自主想起準備多益考試的那個冬天。當時我沒有抱怨過任何事情，不管是沒有書，還是資料不夠，抑或是長途奔波的辛勞。那一年，我似乎也沒想過要抱怨，只是一直竭盡全力去爭取我能得到的一切，之後聽候上帝發落。

所有美好的結局，都是我沒有想到的，卻都安安靜靜、不慌不忙地來到我身邊，成為我生命中不可磨滅的故事。如今，那位外籍教師已與他的中國女友結婚，有了美麗可愛的混血寶寶，大哥哥也步入婚姻殿堂並且有了一個非常漂亮的孩子，我們曾經在生命中的某個冬天相遇，給予對方溫暖和幫助，然後分開，各奔東西。我不知道是不是上帝見我太辛苦，派他們來幫助我，但我知道，他們都是我意外的收穫，意外到好像是上帝在主持公道。

特立獨行的貓哲學

竭盡全力去爭取能得到的一切，之後聽候上帝發落。

當我的工作開始步上軌道且稍有經驗時，也免不了有急躁和抱怨，只是在這種日子裡，我看到了「當你竭盡全力，上帝自會主持公道」這句話，讓我回憶起過去。想到考多益這件小事，讓我知道我也有過竭盡全力、不抱怨不悔恨的日子，有過為了一個目標橫衝直撞的日子。

這個世界沒有絕對的公平，我們每天的小抱怨，只能像水龍頭沒轉緊一樣，滴答滴答地流出來，除了影響自己的心情之外，不會對別人帶來任何影響。對於這種不公平，我們首先要學會隱忍，然後積蓄能量，當你為一件事情竭盡全力之後，才能像火山一樣噴發，剩下的你不用管，上帝會替你安排好一切，他會告訴全世界，你的力量有多麼強大！

特立獨行的貓哲學

當你為一件事情竭盡全力之後，才能像火山一樣噴發。

第二章

在這世上，你是最好的自己

無論身處何地，面臨什麼處境，都請你相信，你是最好的自己。沒有過不去的檻，沒有克服不了的困難。當越過重重障礙回頭看，你會發現，曾經的一切都那麼雲淡風輕。

親愛的朋友，你今天有沒有哭

夜裡十二點下班，站在冷風瑟瑟的街邊招計程車，一輛輛車從眼前嗖嗖駛過，一隻手用手機回覆著郵件。想到回家還有更多郵件要發，還有第二天的準備工作要做，天天在公司吃晚餐，然後坐著不動，只有腦子高速地轉，睡覺的時候都停不下來，我就有些頭皮發麻。注意力集中的時候，我做事總是很快很快，可惜在大多數時候，我都思維渙散。

星盤上說，天蠍座三到四月，會進入全新的領域，並且工作滿天飛，果不其然，連和家人聊天說話，都成了奢侈的事。

努力工作的決心，在某一個瞬間被自己全部推翻，我甚至懷疑自己曾經做出的決定，是件危險的事，上帝在我最終邁腿的瞬間，將我澈底拉了回來。讓我覺得，若內心對某件事一直猶豫不決、難以判斷，也許正代表這件事來得不是時候，有時候上帝實在看不下去，會幫你做一個看起來不

特立獨行的貓哲學

放棄，不意味著失敗，反而是更大的鬥志崛起。

那麼開心，但更加適合你的決定。順應內心的旨意，可能會因為錯失某個看上去很美好的機會而哭泣，但更大的聲音告訴你，要付出更多的努力，才會在下次遇到一樣好的機會時，不再那麼猶豫不決。放棄，不意味著失敗，反而是更大的鬥志崛起。

人總是害怕變化，因為我們不知道變化會帶給我們什麼，卻清楚知道我們將失去什麼。可事實上，每一種失去反過來都是得到，只不過這種得到需要花費很大的力氣，並且是在驀然回首時才能感覺得到。相比成功時的激動，隨著年紀增長，我開始偏愛失敗帶給自己的成長。成功的時候，人總會不可避免地自大，感覺自己像天才，很多本來可能得到的經驗和成長，都被埋葬在自己的驕傲中；只有失敗，能讓自己在暗夜裡好好思考，並從中找到每一個疏忽的細節與教訓，在心底深深記住那些曾讓自己丟過臉的事。每一次失敗，都會沖淡自己曾經有過的驕傲與自信，每一次摧毀的，都是自己曾經努力建立起來的心牆。當有一天這些圍牆坍塌的時候，雖然心裡會有很多緊張、不安與慌張，但也為自己打開了一個從未見過和接觸過的新世界。在這個全新的世界裡，總能看到自己觸手不可及的東西，以及天外有天的差距，這是一件絕好的事。人如果一直生活在一帆風順中，是一種平庸。

特立獨行的貓哲學

人如果一直生活在一帆風順中，是一種平庸。

現在的我，每天都過得很辛苦，做的都是以前從來沒做過的事，每一天除了睡覺以外的每一分鐘，都在做具有開創性的事，只要一秒鐘心不在焉，就可能全盤皆輸。曾經通宵達旦地加班，累到臉色都變成菜色的時候也想過，這或許不是最好的選擇。可走到現在突然明白，選擇本身沒有什麼好與壞之分，關鍵是選擇之後的每一秒鐘，你想怎麼過。未來想收穫什麼果，全靠今天種什麼豆。

曾有年紀比我輕一些的朋友問我，是不是慢慢長大了、成熟了，日子就不會像剛畢業時那麼辛苦？其實，生命中每個階段，都有不同的任務，人在每個階段也都有不同的欲望和目標，只要你一直在追求，日子永遠都會辛苦。當你覺得自己做某件事特別辛苦的時候，代表你的收穫將會非常非常大。這道理，到人生的哪一天，都不會變。

某天夜裡，我依舊在燈火輝煌的辦公大樓下招不到車，站立在街邊發呆，街角的咖啡廳裡傳來一句熟悉得讓人心都化了的歌聲：

「親愛的小孩，今天有沒有哭；是否朋友都已經離去，留下了帶不走的孤獨……」謹以此文，送給所有很努力很努力，但仍會在半夜哭泣的你：加油，親愛的朋友！

特立獨行的貓哲學

選擇本身沒有什麼好與壞之分，關鍵是選擇之後的每一秒鐘，你想怎麼過。

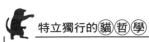

迷茫，本就是青春該有的樣子

我們這一代人，大部分都去新東方上過課，也為新東方的各種神人老師神魂顛倒過。那時的我們，都以最簡樸的樣子，捧著一杯熱騰騰的水，認真地聽課。座位密密麻麻地排列，沒有一個空位，桌上擺滿各種參考書，那架勢有點像高考。我猜想那時的你我，大概不太懂什麼是夢想，什麼是未來，坐在同一間教室裡的我們，只有一個想法：學英語。同時也不排除有一部分同學是來聽老師吹牛彈琴跳舞講初戀故事的。

回顧起我的青春，似乎只有「急匆匆地趕路」，這未免有些單調、乏味、不解風情。像我這種一年四季，平時上班、週末讀書，連春夏秋冬都感覺不到，連什麼季節開什麼花、長什麼樹都不知道的人，生活在北京其實是個浪費，那些豐富多彩的週末活動與分享，我很少參與。我總是安慰自己，人不能什麼都要，又要朋友成群、吃喝玩樂樣樣不缺；又要業務精通，愛好廣泛；還想在某些領域有點小成績，讓人矚目，這是不可能的，否則，肯定會被人嫉妒孤立，或被友鄰「惦記」，連別人給的水都不敢喝。

迷茫，才是青春該有的樣子。我的青春，和大多數人一樣，沒什麼明確的目標，對於自己想要什麼，是三天一小改五天一大改，喜好也不固定（除了對男人的品味始終如一），每天早出晚歸地上班，辦公室裡有鉤心鬥角，也有暗箭難防，業餘時間則一點一點探索自己的愛好，實踐自己的想法，摸索著往前跑。曾有不少高三的小朋友來信，問我如何確定未來的方向和喜好。我驚訝於小朋友們如此早就開始探索自己，小小年紀就想為自己開闢一條堅定的路，其實這挺可怕，也挺殘忍的。在這個世界上，除了少數天才級選手，比如三歲會彈鋼琴、五歲懂微積分、七歲能做一桌子菜的神童，大部分人都不會在很早的時候，為自己定下未來的路，哪怕是二、三十歲還不明白自己未來在那裡的大有人在。同樣的道理，在這個世界上，有人早熟，就會有人大器晚成，在人生的過程中，重要的是保持積極的勇氣與探索精神，而不在於非要在幾歲確定自己的未來。

我曾提過「放過自己」這個概念，很多人為此來信，問是不是有些事做不到，就表示不適合自己，因此放過自己好了，沒必要再努力？一味持續地努力，不給自己休息的時間，是不是太過殘忍？對此，我一時之間不知道該怎麼解釋才好。後來無意間看到一句話：「很多人願意為愛不顧一切，但很少願意為自己的夢想放手一搏。」頓時覺得很貼切。

為什麼我們愛一個人，哪怕是暗戀，也可以萬死不辭地努力，而對自己的目標（先不用夢想這麼大的詞）卻那麼斤斤計較？哪怕付出一點點，都希望有大大的回報，稍微有一點可以懈怠的理由，就覺得自己理所當然不用付出。其實，這世上不管什麼樣的成功人士，不管天資聰穎還是愚鈍，不管家境優越還是苦大仇深，都離不開一個詞：勤奮。如果沒了這個，其他的也只是陪襯。別老說張三是富二代、李四有一個有權勢的爸，這無非是為自己的退縮找理由。這世上如你我家境和頭腦普通的人占大多數，沒有誰非常好非常壞非常有權非常有錢，有的只是身為普通人該有的努力，來回報普通的爸媽，從小不間斷地餵你雞蛋和牛奶，而自己只喝稀飯吃饅頭鹹菜的恩情。

我經常百無聊賴地瀏覽網上的狗血奇葩文，每每看到奇葩的內容，總會讓自己的內心又強大一些，整個人的氣場都顯著提升。看著奇葩樓主、樓主奇葩家人或奇葩朋友的故事，我總會感恩自己生活在比較單純的

特立獨行的貓哲學

在人生的過程中，重要的是保持積極的勇氣與探索精神，而不在於非要在幾歲確定自己的未來。

環境，比起樓主們的那些婆媳矛盾、奇葩男友、不可靠的媽、有了小三的爸、二十五歲的自己突然多了個親弟弟……自己那些所謂的青春迷茫、困惑、難過、過不去的檻，都不算什麼。

家家有本難念的經，如果你跟我一樣生活在單純的環境裡，就別再抱怨什麼。要是實在鑽不出牛角尖，你也可以看看論壇，或走出大門找個大媽聊聊天，就會瞬間發現這社區裡誰過得都比你更慘，頃刻間就為自己注入了免費的正能量，滿血復活回家去。

特立獨行的貓哲學

為什麼我們愛一個人，哪怕是暗戀，也可以萬死不辭地努力，而對自己的目標卻那麼斤斤計較？哪怕付出一點點，都希望有大大的回報。

你變成這樣，其實都是父母的錯

寫這個題目，我其實備受煎熬。我一直覺得，長大後自身的種種缺點，都應該由自己修正，跟父母的教育沒太大關係，即使有，也應該由自己負責。但是，隨著越來越多的網友寫信給我，提出那些讓他們痛苦，甚至想要自殺的問題，並向我諮詢解決辦法，我越發感覺到，這些問題不是長大後才出現的，而是多半源於童年的某件事、某句話。當然，這些問題的出現也不該怪父母，畢竟第一次生養孩子，誰都無法避開所有的地雷。寫這篇文章，我只是想說出自己看到的一些真相，在未來養育孩子的過程中，要盡可能去避免。一代當比一代強，無數的年輕家長在購買嬰幼兒產品趨之若鶩、不要讓孩子輸在起跑點上，但真正讓孩子輸了的，不是少一個玩具，少上一個才藝班，少穿一件流行服飾，而是成長中的心理創傷。

第一次接觸到原生家庭傷害，是看了一篇文章，文章中的女孩，回憶起從小母親經常數落她，即使她有傲人的成績，母親也會在外人面前謙虛地說她是個傻瓜，得再多獎也沒用，被子也不會摺等等。那時她還不到十歲，但已有記憶，那一幕幕尖酸刻薄的數落，像刀一樣劃在她的心裡。她覺得母親不喜歡她，因此開始自卑。這種自卑感持續到她結婚，但她母親還是不斷地用自己的認知和判斷來數落她，搞得她幾乎崩潰，想要自殺。

看到這樣的故事我非常震驚，仔細想想我收到過的那些信件，很多都寫自己小時候發生的事，那些事使他們變成了現在的樣子，直到現在還承受著內心的煎熬。

有一次，跟一個女性朋友聊天，她是一個特別容易在遇到困難和挫折時，就蜷縮在小角落裡不肯出來的人，只盼望著時間過去，一切都能恢復如初。結果，她離婚了，因為在婚姻裡遇到的所有問題，她都用這樣的辦法去應對。不去解決問題和矛盾，並不代表它會自動消失，只會越積越多，當問題爆發時，她就只剩下離婚一途。我跟她一起追溯青少年、童年、幼年時期，尋找根本的原因，發現她的父親是政府官員，母親是個農民，父母在一起是因為媒妁之言，雖然相互扶持，但在精神層面上，很多事都無法溝通。因此，她父親會把上班時遇到的各種煩惱與她「分享」，向她傾訴。對於一個還在上小學的孩子來說，這一切都遠遠超過她的理解和接受範圍。那時的她只能看著父親受委屈，而自己無從幫忙，深感無力與自責。未來再遇到無法承受的事情，她便下意識地選擇逃避，不說話，不解決。說到這些，她突然明白，造成如今這一切的根源來自小時候，她百感交集。

曾看過一本書《下鄉養兒》，書中的孩子天生性格孤僻，無法承受挫折，沒有解決問題的能力，因此造成了生活上的困難。她的輔導員喬老師說：「孩子每次在幼兒園遇到困難，其實只是小朋友之間不和的問題，但每次當老師與家長溝通，孩子的爸爸都認為別人的孩子是王八蛋，只有我的孩子最好，於是立刻換幼兒園。孩子從未有自己獨立面對困難、解決矛盾、改善自己的機會。就這樣陸陸續續換了七八個幼兒園，孩子一直處在反覆與別人認識、熟悉、再抽離的過程，最後，孩子不肯去幼兒園，不肯外出跟別的小朋友玩，只能在家裡跟父母玩，並且總是鬧情緒，晚上精神好，白天睡大頭覺；這實際上都是爸爸太過軟弱的緣故。」看到這裡，我的心裡像被掏空一個洞，怔住了。

我想起我的一個朋友，他的孩子今年剛上學，與班上一個同學關係非常好，每天都黏在一起。但一段時間之後，因為發生了一些事，他的孩子不想再跟那個同學一起玩了。有天下午，那個同學要來找她玩，她問爸爸該怎樣才能不讓那個同學來。朋友耐心地對女兒說：「這是你們之間的事，爸爸不能參與，妳自己認真想想，總會有辦法的。」等到下午，那個同學打電話給他女兒，朋友發現他女兒天馬行空地亂扯了半小時，讓對方完全忘記要來找她玩的事。掛了電話後，他的女兒長吁了一口氣，朋友很驚訝也很激動，原來女兒是這樣解決問題的！我相信，這個小孩以後會變得更加有自信，更有能力去解決現實問題，而不是發生什麼事都來找爸爸。

我在豆瓣和微博上分別問了一個問題：「有多少人進入社會後，發現自己有種種心理上和性格上的問題？比如不愛說話，無法融入團體，害怕人多，自卑，沒韌性，不專注？你是否能想起，小時候發生了什麼事，讓你變成現在這個樣子？或者說留下了陰影？」

在這裡摘錄幾個具有代表性的回答與大家分享，在我看來，這裡的每一條，都是刻在心裡的痛：

「父母從小就批評我不會處事、不會說話、不會聊天，以至於現在，我看見長輩就害怕緊張。」

「小學六年級時，從鄉鎮轉到縣城去上學，被同班男生嘲笑說我很土，後來性格就變得內向、羞怯，之前本來是很外向陽光的。」

「家教嚴格，從小學到高中，都不准結交異性朋友。記得國中畢業時，我留了電話給前桌的男生，結果他打電話過來時，被我爸接到，我爸罵我沒有羞恥心，從此我再也沒辦法正常地結交異性朋友，至今沒有一個異性朋友，甚至不知道該如何與異性交流。」

「從小父母就沒把我當成獨立個體，而是他們的附屬品，完全按照他們的意願把我塑造成理想中的樣子，逼迫我去學習他們喜歡的，打壓他們不喜歡的，只讓我讀書，其他的都不許做。並且從小灌輸我一種想法：如果我成績不好，將來就什麼都不是，只是一個廢物。以前還認真學習，後來叛逆期不用功，再以後成績越來越差，那時他們每天都一副很嫌棄我的樣子，自此與父母疏離。」

「從小就被灌輸凡事都要取勝，只要努力追求，任何事都可以實現。時至今日，我把自己逼得很累，只會拿起無法放下。」

「我小時候看到妹妹因為早上起床後不願洗漱、不願上學，爸爸就拿鐵衣架打她，打得全身瘀青，讓我覺得犯錯是一件很可怕的事。還有一次，因為我自己發脾氣，被媽媽狠打，也讓我覺得表達情緒是一件會被懲罰的事。這些都發生在六歲以前。從此我學會了察言觀色，當絕對聽話的乖小孩。上學之後個性變得壓抑，工作後自我失衡，抑鬱成疾。」

……

看的來信越多，我越發現很多人都想成功，但成功所需要具備的特質與精神，比如堅強、勇敢、堅韌等，都是與生俱來的，或者說是兒時培養的，長大後因為勵志故事或自我認知而成功的非常少。所以，當有人問我：「要如何堅持學英語？」、「怎麼才能堅持早起？」、「下班後怎樣堅持學習？」其實多半是無解的，就算給他們解答，能做到的人也很少。

有時候你只要觀察某個人一天或一週是怎樣度過的，就可以大概知道他未來會成為什麼樣子。性格上的小調整可以見效，但一個人的精神力基本上已經定型，如果不是受了很大的刺激，是不會有大改變的。因此，成年人自我改變命運的故事多半很勵志，會把人感動得哭好幾天，因為想要改變內在的本質，需要重新撕裂已經完整的自己，重新建構。這個過程是極其艱難且可怕的。但如果不重建，很多問題就好像輪迴一樣，不斷出現

特立獨行的貓哲學

無數的年輕家長不要讓孩子輸在起跑點上，但真正讓孩子輸了的，不是少上一個才藝班，而是成長中的心理創傷。

在你生命的每一個階段，上小學、上中學、上大學、上班、結婚等。我自己就是這樣。

當然，寫這篇文章，並不是想要譴責誰，也並非想讓每個人都回去找父母算帳。還是那句話，父母把自己養大已屬不易。當年經濟條件差，哪個家長能顧得上對孩子進行精神與心靈的指導？無論我們做多少事，都無法回報父母的養育之恩。只願未來的我們，能看到自己曾受過的傷，同時在努力撕裂與重建自己的過程中，別再對孩子說「別人都可以，就你不行」之類的話。

特立獨行的貓哲學

成功所需要具備的特質與精神，比如堅強、勇敢、堅韌等，都是與生俱來的，或者說是兒時培養的，長大後因為勵志故事或自我認知而成功的非常少。

有人幫你是幸運，沒人幫你是正常

看書時看到「伸手黨」這個詞，讓我想起一些在身邊不斷發生的小事。

我收到很多人的來信，向我訴說自己的苦惱，講述自己的悲慘現狀，包括老師不喜歡自己、與同事之間有小過節等等，問我該怎麼辦，或者要我幫忙制訂學習計畫，無論是學英語還是考研究所，都希望我來告訴他們該怎麼做。開始的時候，我很認真地回覆，花了很多時間，但很多人得到回覆之後，連一句「謝謝」都沒有，就消失在風裡；有的同學，還給我提出了更進階的問題，期待我給他答案。我越來越無法回覆這些郵件，因為實在讓人越來越生氣。

每個人的生活和認知都不同，我無法以我的生活閱歷，告訴你家裡沒錢還想出國讀書又可憐父母，不忍心花他們的血汗錢該怎麼辦。有很多同學郵件發得理直氣壯，很不客氣，如果沒及時收到回覆，還會追發好幾個郵件來質問我。可事實上，我沒有義務幫你解決私人問題，我又沒收你的錢，你自己的問題自己解決，這是鍛煉你解決問題能力的大好時機。對於那些什麼都不研究，什麼都不深入思考，張嘴就問，只想迅速得到答案的「伸手黨」，真的無法讓人有心幫你。

「伸手黨」說難聽點是想不勞而獲，說好聽點是缺乏主動性。總會聽到初入職場的新鮮人或實習生抱怨，覺得自己的主管不給力，根本不管自己，什麼都學不到。這樣的抱怨總發生在校園和職場過渡期的同學們身上，還一副理直氣壯、自己受了好大委屈的樣子。少了老師的叮嚀、家長的管控、同學的無私幫助、學校的保護，走進社會的我們，是否學會了主動尋找和爭取自己想要的東西，甚至是去搶？事實上，職場上沒人應該教我們什麼，即使是自己的前輩或主管。職場不是學校，沒有教學義務，再者，我們也沒交學費，公司還給我們薪水。大家都是成年人，畢業至少二十二歲，這麼大的人了還需要誰看著管著把現成的飯菜送到嘴邊你才肯吃嗎？那些一畢業就混得很開、被人說很有心機的年輕人，大致上都是很主動的人，主動找事做，主動幫忙訂便當，主動問好，主動早上班，仔細觀察，是不是這樣？

有人會問，難道我就不能問別人，一定要自己鑽研嗎？放著便利管道不用，自己累死累活嗎？喂，社會資訊這麼發達，不會自己上網上圖書館去查資料嗎？總有人說，我不喜歡現在的工作，我不喜歡現在的專業，我想學×××，我該怎麼辦？舉例來說，我研究情緒管理、生死輪迴以及兒童心理學，我的做法是先去豆瓣找一堆書，買來一本本看，從中找出門道，自我總結和思考，掌握了基礎知識之後，再去買一些進階的資料來看，不斷往前走。遇到問題先自己查閱資料和思考，想問問題就要找進階一點的去問，對方也才願意回答你，你的主動性和解決問題的能力才會增強。自己花過的錢，才會覺得珍惜和值得。何況，一開始就問，也沒人能回答你，就算回答了你，你多半也不會照著做，沒吃過苦、沒摔過跤、沒走過冤枉路的奮鬥，只是一種平庸，沒什麼痕跡，也沒什麼記憶。

我們總羨慕美國孩子從小接受的是博雅教育，總對美國小學裡那種開放的、出一個題目回家自己查找、然後寫個小論文的教育方式，讚嘆不已，然後大罵中國的填鴨式教育如何死板害人。可捫心自問，如果換到那樣的環境裡，你會怎麼做？你真的會去圖書館查資料？上網抄一篇，恐怕是大多數大學生普遍做論文的方法。

特立獨行的貓哲學

對於那些什麼都不研究，什麼都不深入思考，張嘴就問，只想迅速得到答案的「伸手黨」，真的無法讓人有心幫你。

每個人都說要改變中國的教育，可自己都是「伸手黨」，學校教育再厲害，也抵不過「伸手黨」父母家庭教育的影響力。別說自己不是「伸手黨」，每個人都是「伸手黨」。堅決制止「伸手黨」，從每一次依賴症發作開始。這世上有人幫你，是你幸運，沒人幫你是正常，別覺得人人都欠你的，走得久了，都是自己欠自己的。

特立獨行的貓哲學

沒吃過苦、沒摔過跤、沒走過冤枉路的奮鬥，只是一種平庸，沒什麼痕跡，也沒什麼記憶。

總有一天，你會做回你自己

我有個高中同學，人稱高黑黑，字老高，因為她雖然長得好看，但天生膚色太黑，故得此名。高黑黑高中與我同一間宿舍寢室，半夜嗑瓜子，白天睡大覺，學習不認真，戀愛談不完。嗑著瓜子考大學考了兩年，上個超貴的三本學校，主修日語，後來去日本當交換學生，除了燒錢，還能做什麼呢？在三本學語言的，最多出來做個翻譯，這已經是大家認為最適合老高的工作了。可老高卻不這麼認為，她堅持要做自己喜歡的事。

說起老高的愛好，就是逛街、花錢，怎奈親爹的卡已被她刷爆，於是她開始想辦法花別人的錢：做代購！老高剛開始做代購時，找我幫她宣傳，那時她做得規模還很小，自己每天去日本的商場逛，買東西，打包，發給每一個國內客戶。慢慢地，老高做出口碑，客戶越來越多，她忙了起來，天天白天開車跑廠商，晚上打包，半夜三四點到郵局發貨，郵局老頭煩得差點舉報她。前段時間老高生意做太大需要成立公司，她專程回國跑了各個領域的市場，進行研究，成立了一家貿易公司，做國際進口貿易。有天晚上，老高半夜三點從郵局出來，走在月朗星稀的大街上，喝著日本清酒發微信給我，說她自己不懂專業市場知識和品牌，從沒想過會有今天，她能做的就是行動，舉起雙手雙腳動起來，挖掘自己的內心，尋找一切可能性，才慢慢靠近自己最喜歡的事，做到了連自己都想不到的事。

說完老高，我又想起另一個朋友，旅遊達人小令。從北大地理系畢業的她，畢業後選擇了自己喜歡的網遊工作，賺了第一桶金後，拿著錢開了一家淘寶訂製服裝店，服裝店生意如火如荼之後，酷愛沙拉的她，專程去全世界很多地方學做沙拉，如今在上海開了家屬於自己的沙拉店。前不久我問她什麼時候能給我終身VIP卡，她興奮地告訴我，店面正在裝修，一個月後開業！表面上身為旅遊達人的她，經常去世界各地旅行，寫作出書，很多人覺得她肯定是富二代，有錢有時間，但沒人知道她需要用多大的努力，才能成就自由的生活；也沒人知道她如何破除世俗的光環，做真正的自己。

我們身邊總有一些勇敢的人，他們可能當年讀書沒你好，可能並沒有按照世俗的標準，做些看似應該做的事，他們表面看起來叛逆又辛苦，甚至沒有穩定的收入，但我相信他們是幸福的。如果你身邊有這樣一群人，請祝福並支持他們，因為他們正在做著我們不敢做的事，堅持著我們不敢堅持的心。

生活總會有抱怨，工作不是自己喜歡的，專業不是自己選的，甚至連人生都不是自己想像的樣子，雖然勇敢地辭職、去做喜歡的事，並不是人人都能做到，但勇氣可以深藏心裡。內心保持清醒與擔當，永遠記得自己心裡那個小小的、真實的自己，保持探索內心的勇氣，你要相信，人生漫漫，總有一天，你會做回你自己。

特立獨行的貓哲學

舉起雙手雙腳動起來，挖掘自己的內心，尋找一切可能性，才能慢慢靠近自己最喜歡的事，做到了連自己都想不到的事。

不好意思，你想要的太多

有一對在北京奮鬥了十年的夫妻，縮衣節食地存錢，終於存夠了錢，頭期付一百多萬買了間房子，將遠在老家的父母接來一起住，再也不用受兩地相思之苦，再也不用算這輩子還能見到父母幾次。

這讓我想起網上的一篇文章，是一個女孩寫的，也是關於買房，主題是〈房價其實並不高〉。她說自己從畢業就開始存錢買房子，先用存的十萬，買了一間很靠近郊區的（在深圳），慢慢等升值，然後賣掉，如此一步步換房到市中心。我記得讀到這篇文的時候，她已經換了五次房。每次買房賣房都透露出她的精明與勤勞（送我一間房子，我也做不到她那麼勤勞）。她的同事總覺得房價很高，買不起，因為同事想買市中心的，交通便利，生活舒適，卻希望是遠郊區的便宜價，而且日常生活中同事出手闊綽，幾乎不存錢。

雖然我也背負著房貸，而且我不覺得房價低，但這兩個案例讓我印象深刻，我相信一個道理，在同樣的時間裡，做了A放棄了B，一定會有代價和犧牲，我們都錯過很多，不可能什麼都得到。那對縮衣節食的夫妻，放棄了十年的生活享受，衣服只穿工裝，滑鼠墊都用廣告商的贈品，最幸福的事，就是每個月存錢到買房專用的戶頭。十年後，他們有了間大房子，比起很多遠離家鄉的北漂，能跟父母住在一起，還能在夢想的城市裡奮鬥，就很幸福。精明的買房姑娘，放棄了很多娛樂、購物、唱歌的時間和機會，盤算著買房賣房，為自己的小窩一點點地規劃和制訂目標，並不像別人那樣輕飄飄地抱怨一句房價太高買不起，國家混蛋不讓年輕人活。

生活不會什麼都給你，尤其是你一點工夫都不想下的時候。很多剛畢業的網友，跟我說自己很忙很忙，需要交際、需要唱歌、需要放鬆、需要給自己放個假，需要早睡、需要晚起、需要吃好喝好養得白白胖胖，還需要工作好、賺錢多、能力強，這樣的日子，時間明顯不夠用，該如何平衡呢？不好意思，這無法平衡，任誰都平衡不了，你想要的太多了。人總是要付出很大的努力，才能讓別人覺得毫不費力。世上沒有好賺的錢，也沒有平白付出的辛苦，只有沒下夠的工夫與沒堅持下去的勇氣。而工夫下到什麼地方，努力到什麼程度，都是看得見的。

這些年我也錯過了很多，比如天天宅在家裡看書寫字，週末都不出門，因此連北京的四季有什麼特點和風景都不知道；遊客去過的北京景點，我待了八年，還不知道在哪裡；很多明明可以繼續交往的朋友，都變成了過客……可我也收穫了一些東西，工作上慢慢走出一條適合自己的路，寫作上有了一些小成績，自己也成熟和老練了不少，賺到更多的錢，讓自己和家人過上安穩、不吃緊的生活。我不貪，也不想什麼都要，我深知自己在哪裡下了工夫，願意接受好的和不好的結果。

當然，我的生活並非那麼順利，偶爾也會亂七八糟，搞得自己經常睡不好覺，心情暴躁。但我很感激這些不順利，因為有不順利，才讓自己看到生活本來就應該是這樣。上帝是公平的，自己已經得到了很多，那麼其他事虧一點也無所謂。倘若生活什麼都給了你，那麼也一定準備好了一個大坑，在後面等著你。

別問生活給了你什麼，問問自己付出過什麼。上帝準備好過完一輩子才讓你得到的東西，不可能在三十歲以前都給你，如果真有這種事，那後面一定沒什麼好事等著你。

特立獨行的貓哲學

生活不會什麼都給你，尤其是你一點工夫都不想下的時候。

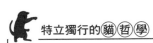

親愛的，你為什麼要上班

你為什麼要上班？

賺錢養家餬口？學習先進知識？把上班當成念MBA？把公司當成實現夢想的平臺？

不錯，上班能讓你養家餬口，雖然你現在是一人飽全家飽，但這是最基本的。

在職場上，我們都會遇到自己不喜歡的同事，如同生活中會遇見不喜歡的人。但無論他們如何對你不好，防備你，打擊你，欺負你，你也要夠聰明地從他們身上學習。我大二實習時，公司裡的正職員工不爽就會拿我出氣，我受了委屈也不敢在辦公室裡哭。打擊我的人，聰明、溝通能力強，往往我說不清楚的話，她能很有禮貌、很快地表達出來。我跟她通過一次電話會議，她不理我，覺得我礙事，不會說話。是的，我不會說話，但我會聽她說，哪怕她是閒聊，我也聽她說。她說得流暢而完整，開頭結尾都很有禮貌，還能照顧到聽電話人的情緒和反應，我很高興聽過她五通電話後，就學會了怎麼閒聊。

同時，要想想自己將公司當成了什麼。第一次在財經節目《波士堂》上看到衛哲[4]的專訪，那時他正從百安居辭職，我看到他美麗的妻子、調皮的兒子。他喜歡在臥室裡放很多花瓶，喜歡三層的小別墅，我以為這不過是一個有錢男人的浪漫罷了，殊不知他的每一步都走得不同凡響。他很早之前不懂財務，於是去普華永道[5]當了一年的小職員，減薪又沒專車伺候的這一年，奠定了他後來百安居財務總監的職位。

他說每一間公司，都是一所商學院，無論這個公司成敗好壞，都是一個精采的 MBA 案例，要把上班當成上 MBA 課程。你要去了解自己的公司是怎麼運作的，如何決定開發何種產品，怎樣打開市場份額，怎樣贏得客

4 衛哲，一九七〇年生於上海，二〇〇〇年出任百安居（中國區）執行副總裁兼財務總監，二〇〇二年出任百安居（中國區）總裁，二〇〇六年十一月正式加盟阿裡巴巴，並出任阿裡巴巴集團執行副總裁，二〇一一年二月二十一日從阿裡巴巴辭職後，成立了「嘉禦基金」。

5 國際會計師事務所。

特立獨行的貓哲學

把工作當 MBA 一樣認真研究，才會真正有大的收穫。

戶信賴，財務部怎麼運作，財務總監是做什麼的，甚至你手邊的每一個專案是怎麼提出來的、怎麼做完的、怎麼寫結案報告、怎麼結帳收尾……把工作當MBA一樣認真研究，才會真正有大的收穫。

在職場向前走的過程中，你要發掘自己的優勢，並努力長成自己想要的樣子。

我們不可能在職場初期，就精準地進入自己擅長的領域，即使當年認為自己很擅長，就像我資訊科系畢業的同學，在入職一年後，發現自己不適合民生消費品行業，不適合跑賣場，不適合和客戶談判，毅然辭掉了世界五百強公司的工作，回到IT本行老老實實地做分內的工作。畢業時，我們看到了太多頭銜，看到了各種薪水大比拚，看到了同學耀眼的錄取通知，看到了父母臉上驕傲的微笑。但是那時，我們還沒來得及看清自己的內心。於是，我們擅自闖入了一個自以為幸運的世界，一年、兩年……我們發現了自己的優勢，看到了更大的世界，聞到了更香的味道，這才明白自己的內心。

請你從認清內心的那一刻，走進自己的內心，創造一個幸福的世界吧，喜歡寫作的當作家，喜歡溝通的當公關，喜歡教育的做老師，喜歡分

特立獨行的貓哲學

在職場向前走的過程中，你要發掘自己的優勢，並努力長成自己想要的樣子。

享的開網站……在這個世上，你才是最好的自己。為了那個你一生想要從事的職業，為了那個你用兩年掙扎和糾結才找到的夢想，努力成為一個自己想要成為的人。

倘若你是個敢想敢做的勇敢青年，請學會用學習的心態、發現的眼睛、感悟的內心，去經歷職場的前三年。這段期間，你不用在乎薪水是不是能讓你過小資的生活，不用在乎付出和回報是不是成正比，你付出的只是讓你去感受自己的優勢與劣勢；你所要做的是盡力做好每一件事，讓可靠的人脈像滾雪球一樣擴大，同時學會怎樣辨別不可靠的人。最重要的是，你要在這段期間找到自己的優勢，了解自己的性格，堅持自己的個性，點燃自己的夢想，勇敢地拍拍手，去做屬於自己一生最幸福的事，這需要你勇敢，需要你敢於改變，需要有承擔孤獨的強大內心。

用一輩子做一件自己喜歡的事，老了才能真正沐浴到人生的真諦和陽光，那才是值得撰寫的生命歷程。

如果你能做到如此的睿智與勇敢，我想你應該沒有多餘的精力，去想什麼職場的鉤心鬥角。你早就開始忙著發掘自己的內心，忙著充電上課去了……畢竟，對於萬事萬物來說，過好自己的每一天比什麼都重要！

特立獨行的貓哲學

用一輩子做一件自己喜歡的事，老了才能真正沐浴到人生的真諦和陽光。

這工作真的沒有委屈我們

以前看唐駿[6]的故事，單純地認為他當年從工程師升到高級經理，是因為他做出了一個更新檔，解決了Windows作業系統中文版發布時間的問題，後來聽古典談起這件事，才知道原來事情不單純。唐駿與其他提意見的員工最大的不同在於，他不僅僅質疑了怎麼辦，更重要的是，他提出了解決方案，這才是他真正獨特的地方。

想起我剛實習時，做一個新的專案。那時恰逢大四開學，學校一堆事，我難免心神不寧，加之是個新專案，麻煩百出。每當遇到問題的第一時間，我便不遠萬里地跑到隔好幾排桌子的上司那裡，當面彙報，上司給我個方法，我再嗒嗒嗒地跑回來。一會兒又嗒嗒嗒地跑過去……嗒嗒

6 曾擔任微軟的中國區總裁及中國最大線上遊戲公司盛大的總裁。

嗒……嗒嗒嗒……嗒嗒嗒……上司終於崩潰了，將我拉到小房間裡，講起了故事。

「當年我實習的時候，我的上司告訴過我，當遇到或質疑一個問題時，不要先提出來這個東西多麼不好，而是要先想出一個解決方案。當妳告訴我現在有多不好的時候，一定要給我一個妳覺得好的辦法。這樣，妳的質疑和提問才有意義，妳才能學會解決問題，而不是一味地否定現有的狀況。我當時不明白這有多重要，但現在我明白了，希望妳也能明白。」

從那以後，我嘗試在每一個我覺得不完美的方案之外，尋求更好的解決辦法，倘若找不到更好的辦法，我就會閉上自己尊貴的嘴。漸漸地，我開始能夠找到一個甚至兩三個不同的解決方案，與主管一起討論，從中看到我的思考方式和主管有什麼欠缺或不同，從而改善自己的方式、方法。每當我的思維如脫韁野馬一般馳騁時，我便覺得思維的躍進，比單純體力活重要得多。半年之後，我到新的公司面試，兩個小時三道綜合案例分析，每道題我都給出兩個以上的解決方案，最後沒時間寫完，我在考卷上留下電話和註記：「時間有限，如需知道第三種方案，請打電話給我。」當然，問我第三種方案的電話沒有等到，但等到了錄用的電話，於是，我想起了那位上司……

一年之後，當我開始帶實習生時，也發生同樣的問題，一件小事情會跑過來問好幾次，於是我也把他拉到小房間裡，重複著當年的故事：「當年我實習的時候，我的主管告訴過我……」一個很似曾相識的場景。

朋友說我不像很多同齡人那樣愛抱怨、愛批評時事、愛憤世嫉俗，反而會在一輪輪的思考中，大刀闊斧地自我革新。我也發現是這樣，我很少評論時事動態，很少在各種場合留下憤青的言語，我一直覺得自己活在一個很小的自我世界裡，不太關心外面世界的不公正或不合理。實習時那位上司教育我的這件小事，已經成為我骨子裡的一種行為模式，我學會了在年輕時閉上高貴的嘴，用大腦去思考，用行動去改變。我不知道這是不是成長的意義，不知道那位上司有沒有想過，他那段話影響了我往後的人生。

現在每當我寫好新的新聞稿，做好新的報告，畫好新的設計圖，或者做好新的菜餚，總會下意識地想一想，有沒有更好的，能不能做到更好？自那以後，當我可以獨立承擔一點點小的工作任務，而且遇到問題能本能地迅速思考時，便覺得做一個善於解決問題的人，是一件非常有成就感的事。

特立獨行的貓哲學

在年輕時閉上高貴的嘴，用大腦去思考，用行動去改變。

總聽到職場新人抱怨：「我在學校也是風雲人物，聯歡晚會都是我一手策劃的，現在居然要我在這裡打 Excel 表格。」那是因為你在做一項體力勞動，重複的體力勞動，帶給你無限的煩躁和不屑，而你的潛意識裡，一直認為自己是腦力勞動者。工作最重要的是，學會正確的思維方式，學會解決問題，而不是單純地做工。當你能把體力活變成腦力活的時候，才能明白，這工作真沒有委屈我們的才能啊。

特立獨行的貓哲學

當遇到或質疑一個問題時，不要先提出來這個東西多麼不好，而是要先想出一個解決方案。

女大學生求職為什麼那麼難？

畢業了找工作，面對茫茫的求職大軍，一向成績優異、德才兼備的女大學生，卻在最終衝刺的環節，大多數都輸給了男生，很多公司明確表示只要男生，即使不明說，也一定會優先錄取男生。這讓女大學生紛紛表示憤怒，可妳知道為什麼嗎？求職的女大學生，妳應該怎麼辦呢？

造成女大學生就業難的問題，其實並不單單是由性別造成的，很多人認為，女生在就業時遇到較大困難，主要是由於企業主擔心女性成家，尤其是生兒育女後，精力都放在家庭上，這必然會導致在工作上缺乏積極性和創造性。因此，一些公司寧可要二三流的男生，也不要一流的女生。

除此之外，一個更大的隱形原因在於，女生到職後，前期衝勁很猛，但很快便會懈怠，對工作和自身事業上的發展，關注程度降低，投入精力亦相對減少。尤其是在有了家庭之後，甘願「犧牲自己」，把精力投入到家庭生活，並在人們交口稱讚中，認為女性不應該在職場上奮鬥，而應該回家相夫教子，做男人背後的支柱，這種想法壓抑了女性在事業上謀求進步和成功的欲望，養成了得過且過的心理。雖然並非所有女生都有這樣的想法，但當這已成為社會認知時，求職的女大學生究竟該怎麼做，才能順利找到心儀的工作？究竟該怎麼做，才能讓自己從社會的認知魔咒中跳脫出來？

二十一世紀新女性的標準是：上得了廳堂，下得了廚房；殺得了木馬，翻得過圍牆；買得起好車，住得起好房；鬥得過小三，打得過流氓。新時代女性進入社會，拚的不是學校成績，而是心理戰術和處世能力。

為了能順利找到心儀的工作，首先不要老把自己當女生看待。大家常常聽到一句話：「××單位，把男人當牲畜用，把女人當男人用。」其實，在哪裡工作都很辛苦，不要老挑肥揀瘦。找一份「輕鬆又有錢」的工作，是全世界人共同的夢想，但基本上沒人實現過。想得到就要付出，這是亙古不變的真理。倘若妳想在職場上有所得，就要夠努力。特別是現在男少女多，男生珍貴、女生氾濫的時代，性別歧視在職場上在所難免，因此女生需要付出更大的努力，才能有自己的一片天。我有一位很好的女同事，年紀輕輕，身材長相都一流，她經常為了工作熬夜，甚至有一次工作到凌晨五點；也經常像男孩子一樣爬高爬低地搬箱子。後來這個女生去英國發展，我們都覺得她值得。

同時，妳不應該長成別人認為的樣子。每個人都有這樣的經歷，妳在工作上稍微努力一下、拚命一下，就會有親朋好友跳出來說：「女孩子不用那麼努力，找個好男人才是王道！」可真的是這樣嗎？在這個物欲橫流的社會裡，哪個女生能保證自己的愛情和老公永遠可靠？女生應該有自己的人生，而這人生不應該只依附在男人身上。女生在兼顧家庭的同時，要培養自己的職業態度，讓自己在經濟和事業上盡可能地獨立，正確地處理好成家與立業的關係，不能只安於小家庭。當然，有人會說：「女生為什麼要和男生搶市場？女生天生就弱勢！」可女生為什麼比男生弱呢？女生要被社會接納，就要勇敢地接受社會的洗禮，參與社會的競爭。要正確適度地評估自己，要有男生能做到的、女生也做得到的雄心壯志。女生成長為什麼樣子，與男生喜歡什麼樣子的她無關。

在求職過程中，女生還應發揮自己的優勢，從擅長的項目入手。其實，女生有著男生無法比擬的優勢，發揮好這些優勢，將更有利於女生求職。比如女生溫柔體貼、做事細心周到、感情細膩豐富、善於體諒別人等，都優於男生，如果從事公關、媒體、文祕、財務方面的工作，就很適合；同時，女生的語言表達能力、社交能力、對他人的關懷和照顧能力，普遍都比男生好，因此女生更加適合做教育、醫療行業，當老師和醫生、護士，對女生來說，都是不錯的選擇。當然，如果妳想要從事以男生為主的行業，比如建築、礦業等，也未嘗不可，況且在這些以男生為主的行業中，女生會得到男生的加倍愛護，這樣的職場生活，應該更是幸福而新鮮的體驗。

我並不是想教唆妳成為女強人，或成為沒男人敢要的男人婆，我只是想說，要做一個美麗的女孩，不僅要有美好的家庭，更要有展現自己能力的事業或工作。因為，只有不依附於別人、讓自己內心強大起來，才能建立美好而幸福的人生！

特立獨行的貓哲學

新時代女性進入社會，拚的不是學校成績，而是心理戰術和處世能力。

那兩個曾溫暖我冷酷職場的主管

在我的職業生涯中，有兩位主管讓我印象深刻，讓我在冷酷的職場中，感受到些許暖意。

第一位，是我當實習生時的主管，此人蠻橫霸道，我跟著他，學了不少強詞奪理與無理取鬧的賤招，可有一件事我一直記到今天。那是我進入公司的第三天，他休假了，我被委派發一份電子月刊到幾百個媒體信箱裡。電子月刊是直接發送到對方信箱裡，就像個網頁，而發新聞稿，則需要在郵件中寫上一堆客套話，比如：尊敬的×××記者，你好……

當時的我，只發過新聞稿給媒體，沒發過電子月刊，主管不在，我便想當然耳地按照發新聞稿的方式發給了媒體。顯然，我發送電子月刊的郵件裡，加了「尊敬的×××」實在是件很滑稽的事，但我渾然不知，一直等到第二天大老闆接到媒體回饋，便來找我主管。我記得那天晚上八點多，老闆咆哮著把我主管吼了過去，因為之前老闆也發現了我的錯誤，所以我大概知道是什麼事。

主管進老闆辦公室，很久很久沒出來，我小心翼翼地假裝走過老闆的大玻璃窗辦公室，來回走了很多很多趟，觀察屋內的不安氣氛。晚上十一點，主管垂著眼、低著頭出來了，經過我的座位，看了我一眼，我小聲地說了句「對不起」，都要哭出來了。主管在我座位面前站住，轉頭跟我說了一句：「這不怪妳，如果我昨天在辦公室，妳就不會發錯了。」那天晚上，主管叫計程車送我回到學校，已經很晚了，我哆嗦著往宿舍走，眼淚撲撲地流下來。這件事以後，我便跟定了這位主管，一直到老闆強制我們分開工作。

他讓我在未來的職場路上，遇到下屬犯錯，願意勇敢地擔起責任，而不是犧牲下屬保全自己。或許他早已忘記了這件事，我們也好久沒聯繫了，但在我初入職場的那個晚上的那句話，溫暖我到今天。

第二位主管，是我曾任職公司的CEO，是一個意氣風發的女政治家，據說以前做過外交官。當時我工作不滿一年，被主管趕鴨子上架，在全公司的員工大會上，用英文做工作報告。

在一個百分之九十八的員工都英文如母語的環境下，我的英文就像是哆哆嗦嗦的醜小鴨，永遠蜷縮在角落，無法像別人一樣大方地表達自己。我準備了整整一個月，但還是在臨上場前，把PPT全部改成了中文。我故意把PPT的封面做成黑色的天空，上面布滿了動畫的小星星，美其名是需要關燈才能看到效果，其實是為了不要看見大家的臉，免得緊張。

那天，她坐在我對面，我是新員工，她是CEO，那是第一次我們坐得那麼近。全場漆黑，只有我的電腦螢幕面前，閃著一片小小的光，映著那片光，我抬頭恰好看到她的笑。我可能是公司在員工大會上分享最年輕的員工，也是唯一用中文的，還關了燈，說話聲音發抖。起初，她的笑，讓我的緊張和不安一點點消失；她注視的目光、認真的表情，讓我發揮得越來越好，甚至還可以說些笑話；她認真地看著我，不斷地點頭，我與她的目光相會。日光燈打開的瞬間，我聽到了自己深呼吸，以及全場的掌聲。再後來，她會在走廊上跟我說黃豆燉豬腳怎麼做；她坐在我身邊，要我幫她申請一個QQ號；在我離職的時候，她很認真地站在我面前，跟我說一些祝福兼鼓勵的話。在她身邊，我永遠像是走錯了路、格格不入的小孩，雖然顯得怪異，卻被包容在她的光芒裡。

特立獨行的貓哲學

遇到下屬犯錯，勇敢地擔起責任，而不是犧牲下屬保全自己。

我覺得，好的主管，就如同員工的精神嚮導：給予下屬鼓勵和希望，帶他走向充滿愛與信心的未來，好過批評與訓斥。

在充滿惶恐與不安的成長路上，都有一座燈塔，照亮我們心裡的小太陽；而有一天，我們也會成為別人的燈塔，不一定每座燈塔都很強很亮，但每一座燈塔，都可以充滿希望與愛的光芒。

特立獨行的貓哲學

好的主管，就如同員工的精神嚮導：給予下屬鼓勵和希望，帶他走向充滿愛與信心的未來。

一畢業就變成中年人

現在好像很難看到朝氣蓬勃、意氣風發，散發著青春陽光氣息的小朋友，即便在二十世代身上，也很難看到。每次和公司那些二十世代實習生擦肩而過，都希望看到一些讓我覺得與眾不同的閃亮光芒，可他們卻總是灰濛濛的。他們彼此很相似，甚至有些三十歲的味道。

很多人覺得進入社會，有稜角的會被打壓；很多父母都教育孩子槍打出頭鳥；很多培訓機構，都告訴學生進入職場，連長相都要變得「專業」。可是，我們都那麼喜歡遇到個性鮮明、讓自己眼前一亮的人；我們都那麼想要看到一點點不一樣；我們都喜歡圍在一個奇葩身邊，發自肺腑地讚嘆一聲「太讚了」；我們連選個商務旅館，都能因為掛了彩色窗簾而倍感新鮮。可輪到我們自己，卻怕這怕那，怕不合群，怕沒人喜歡自己，怕別人覺得自己不可靠……於是，每個人都讓自己顯得可靠起來，穿正式的套裝上班，言談舉止模仿成熟前輩的樣子，努力讓自己朝「穩重、謙卑、溫和、淡定」的方向走去。似乎再也沒什麼事，能夠激起內心的狂野；再沒什麼故事，能引發天性的澎湃；再沒什麼人，能讓自己熱血沸騰。每天被一堆報告、計畫、報表埋葬，做任何事，學任何知識，都不再出於天生的好奇心，而是出於「是否有用」、「能否賺錢」這類概念的判斷，彷彿一畢業就成了中年人。

每個面試過我的HR，都擔心我不合群，擔心客戶會被我惹毛，擔心團隊被我拆散，可是還算豐富且充實的經歷告訴我，要盡可能做自己，要保有自己的個性，還要合群，最重要的是，自己要懂得什麼時候應該靠得住。雖然沒必要所有的事都做好，但一定要學會在關鍵的事情上靠得住。想要贏得他人的尊重與喜愛，首先要贏得對方的信任與讚賞。倘若做人做事都很差勁，還耍小脾氣，那真是自己沒見識。

如何能讓自己堅守真實的內心不動搖？如何抵禦外來一切想把你稜角磨平的力量？我想，只有堅持，讓力量與時間成為你最強勢的後盾，在歷經痛苦的對抗與不被理解、寂寞和孤單的侵蝕後，對方一定會潰敗。堅持，直到對方先敗下陣來，你才會贏。

我很偏愛那些還有稜角的孩子，那些閃爍著天性中的純真、智慧中的光亮的小朋友。能在社會的大熔爐中，保持自己的品性與風格、靈氣與衝動的孩子，一定擁有比較好的溝通能力、交際手腕，以及「外化而內不化」[7]的耐力與雙重人格駕馭能力。他們也一定是可靠的人，因為他們對自己的天性認真，珍惜自己原始的好奇心，以及對外界的侵蝕堅持抵禦不放棄。

特立獨行的貓哲學

想要贏得他人的尊重與喜愛，首先要贏得對方的信任與讚賞。

7 語出《莊子》。意指順應潮流、隨外物變化而內心保持不變。

進入社會真的應該磨平稜角嗎？

偶然碰見了我很久以前的主管Candy，我們眉飛色舞地聊了一個多小時，Candy說：「呀，從妳大三開始，我就覺得妳不像坐辦公室的，現在還是不像啊！妳還是像來玩的，哈哈！」

「對呀，我還是不像辦公大樓裡出來的，對不對？我還是像個搗亂的，這種錯覺才會讓人覺得好玩。」我很開心Candy這麼說，這說明我還沒有變成盜版。

Candy說：「我真的很喜歡妳能一直保持現在的樣子，不要把自己變成別人的樣子。我喜歡妳現在的感覺，真的很少見，很少見。每個人見到妳都會覺得很奇特，很好玩。保持下去，請妳一定要保持下去。」

聊到這裡，我手機收到一則郵件通知，一位網友發給我的緊急郵件，問我是否改變過自己的性格，以達到目前的樣子，她正在考慮改變自己的性格，以便走向成功。

我總是會收到很多人的郵件，他們覺得自己哪裡哪裡不好，要早起、要晚睡，要強迫自己背單字，要強迫自己成為×××，可我覺得這樣，就扭曲了原本的自己。明明一棵樹要往上長，你非讓它往下長，最後肯定會長得變態，從而糾結起來；更恐怖的是，知道自己糾結了還不放手，最後只能鑽到地洞裡去，一個死胡同。

我看尼克[8]的影片時，有一句話很打動我，就是尼克的媽媽說，尼克不覺得自己沒有四肢是什麼大的缺陷，他只覺得自己缺少了一些零件。因此，他從小就生活得很愉快，非常快樂。長大以後的他，就是現在的他，可以自己讀書看報，可以釣魚，可以演奏音樂，可以到全球演講……我在聽他演奏音樂時，非常震驚，內心感動得不得了。

他說：「當你們第一次看到我的時候，一定會為我感到難過，覺得我很可憐。可是現在，聽完我的故事，你們還會覺得我很可憐嗎？當然不會對不對？因為你們開始喜歡我，開始把我當作一個正常人來看待。你們喜

8 著名的勵志演講家，罹患海豹肢症，天生沒有四肢，著有《人生不設限》等書。

特立獨行的貓哲學

生命中很多事都要 For fun， For fun 才會讓生命有靈動的感覺，而不是得過且過。

歡我的內心，不是嗎？」

是的，我很喜歡尼克，完全不在乎他有沒有四肢，不在乎他是否可憐，我真的很喜歡這個沒有四肢，但內心堅定、熱愛生活的男人，因為這個時候，我看到的是他的內心。他這個人，讓我覺得很有意思！

Candy問我，將來想要成為一個怎樣的女人。這是一個很深奧的問題，其實我只想成為我自己的樣子。很多同學發郵件問我：

「我真的很想做PR活動策劃，可我現在讀的是理工科，該怎麼辦？」

親愛的，我怎麼知道你該怎麼辦？你自己都不知道自己要怎麼辦，對吧？每個人都不一樣，每個人的情況也都不一樣，因此，你要聽從內心的召喚，跟隨內心最真實的意願，一點點走出自己的生命軌跡。這條路會有閒雲野鶴，也會雲淡風輕，不是每個人都要走精英之路，也不是小富即安的思想就不該提倡，不是早晨六點沒醒來就該懊惱一整天。我就是個很難早睡的人，總是東摸西摸；早晨起床也很晚，每天都睡得昏天暗地的；同時，我也是個小富即安、頭頂瓦片可遮天的人，我的夢想就是自己在廚房裡做好看的肥皂，然後一塊塊送給周圍的朋友，讓他們用我做的最天然的肥皂。生命中很多事都要For fun，For fun才會讓生命有靈動的感覺，而不是得過且過。我們太重視好的教育背景，以及有名氣的工作經歷，因此不斷逼迫自己，把很多違背內心的東西，加到自己身上，覺得有了好的學歷背景和工作背景就神氣了，但其實你是個除了工作和學歷什麼都沒有的人，這樣的人因此而匍匐前進，一邊往前走，一邊罵老闆變態、社會黑暗、世態炎涼、生命難耐。其實，這是你自己糾結了，沒順著長，怪誰呢？

Candy說自己當年找我，是因為公司想要一個不一樣的人，時間久了公司的人都越來越類似，十分無趣。因此，當她看到我履歷裡有很多和別的應徵者不一樣的地方時，她很激動，然後我們聊了兩個小時周傑倫的歌曲和星盤，最後錄取了我。當然，她也覺得我不像是個坐辦公室的人，而像是來亂的。她錄取我之後，看著我每天在完成工作以後就去修桌子、弄腳邊的地毯，或拿辦公室的瓶瓶罐罐去做化學實驗，她說我讓她有一種很新鮮的感覺。雖然我讓很多人感到憂慮和痛苦，但我依然還是這個樣子，我還是沒有改變，還是越挫越勇，還是在被趕出腦力激盪會議之後，又跳著跑進去閒聊。有些天性永遠無法改變，有些勇敢永遠不會消失，這些東西始終在自己心裡，端看你是否會在世俗化了之後，想要借助外力將其打壓下去。特色是最重要的，當別人想到你，會覺得你是個立體的人，你就還是你。如果你打壓了自己，就別說什麼了，忍著吧，沒人知道你該怎麼辦，也沒人想讓你怎麼辦。

社會是什麼？社會是一個熔爐，你可以當一個大煤塊，最先被扔進去燒啊燒，還覺得自己很美，被社會認同和接受，但最後你會發現自己只是眾多鋼鐵的一部分而已，多你不多、少你不少；而我還是想當我的小煤球，最後被放棄，被扔在不知名的小路上，因此我可以存活下來，我還是小煤球，一直都是，永遠都是小煤球，吹風看太陽，唯一的小煤球。

愛你本來的樣子，不要說「我要變成這樣、我要變成那樣」，而是要想「我擅長什麼，我將如何盡情發揮自己的特點，做好自己的品牌」。社會永遠不會改變，需要改變的，只是我們自己。

特立獨行的貓哲學

有些天性永遠無法改變，有些勇敢永遠不會消失，這些東西始終在自己心裡，端看你是否會在世俗化了之後，想要借助外力將其打壓下去。

一件事堅持十年能厲害成什麼樣子

我有很多本子，各式各樣的，萌系的、犀利的、簡約的等等。

我有一個抽屜，專門存放這些用來寫字的本子。這些本子都很漂亮，以至於我一直不知道該寫點什麼，才配得上這樣別緻的本子。每當我決定在某個本子上寫點什麼時，總會暗下決心，比如這個本子要寫日記，那個本子要抄一些美好的句子，但翻開每個本子，會發現前幾頁寫得很認真，可維持不到第五頁，就再也沒字了，一個好好的本子，被放到一邊閒置不用了。

有位朋友曾跟我說：「我舅舅早年做生意時，每天讀報紙，把好句子抄下來。現在已五十多歲，依然用這個古老的方法。我們每週應該讀一些有益的報紙，把好的內容抄下來。我舅舅都能做到，我們從現在開始做，十年之後，我都不敢想我們會厲害成什麼樣子！」

結果我買了兩份報紙，一份放了魚刺，另一份不知塞到哪裡，這事就「壯烈成仁」了！

有次和做影視行銷的A君看電影，我沒心沒肺地看完電影，在餐廳裡大吃大喝起來，A君端著筆電詳細地記錄剛才電影裡的各種品牌廣告如何置入，哪個自然，哪個生硬。A君把這些資訊記錄在一個表格裡，這個表格已經填入了很多電影贊助的資訊。顯然，他在積累這些東西。我當然不會傻到當著他的面表示崇拜，那是一種相形見絀的自殘行為，但我還是默默地把這個小細節藏在心裡，希望如果A君看到這一段，不要太過心花怒放、花枝亂顫！

我翻開那一堆本子，幾乎每個本子上都寫了點英文內容。於是，我想起畢業那年，HR說我英文不好，我便開始發憤圖強。每次都是雷聲大雨點小，每次都覺得我的英文程度還可以寫PPT，可以閱讀英文郵件，便沾沾自喜地開始晚上看八卦、早晨睡懶覺。只有在每年一度的英文簡報那個月初，才會慌張地製作一個英文提升計畫，至少要提升一下口語能力，好在大會上流利地做簡報。每年一月，每月一廢，之後便偃旗息鼓！如今，我的英文能力依然處於PPT和郵件勉強湊合的程度。天知道當初我如果能發憤圖強得澈底一些，現在會如何傲然人上。

社會飛速地急功近利起來，我們的內心也是如此。這個社會凡事要結果，不願等待，於是我們也不願意等自己，而讓自己隨著潮流奔跑。至於下一個終點站在哪裡，自己是否過得舒服，並不重要，重要的是無論在哪裡，能躲就躲，能騙就騙，能裝就裝，能唬弄就唬弄，並以為自己過得舒坦，賺得又多，這樣的人通常會被眾人羨慕又忌妒。我們的目光變得短淺又狹隘，懶惰又無良，早就忘記了「路遙知馬力」的含義。

我曾寫過一段話，每個人進入社會的前三年，要加倍加倍再加倍地努力。因為前三年，每個人都拚命想要脫離悲催的歲月，這三年是社會人最不計得失、最熱愛學習、最渴望社交、最容易被影響、被教育、被打動的三年。這三年一過，每個人都會多少看透一點社會的真實模樣。從那一刻開始，每個人都會或多或少地變得急功近利，不再聆聽自己的內心，而被金錢與名利驅使。也就是從這一刻開始，職場的抱怨、家庭的怨念、體制的不公、社會的不完善，都會慢慢攪亂我們的心境。有人嚷著要移民，有人嚷著要抗議！但除了攪亂自己，又能影響得了誰？

我又想起了在影視行銷圈裡很厲害的A君，我了解他過去的努力，

特立獨行的貓哲學

這個社會凡事要結果，不願等待，於是我們也不願意等自己，而讓自己隨著潮流奔跑。

也見過他在職場上廝殺，我根本無法羨慕嫉妒恨他，我下不了他那樣的工夫，就不要想多得到一些什麼。這個世界，大致上還是公平的。

想要太多，所以靜不下來，覺得全世界都不公平，好想生活在桃花源裡。這讓我想起曾寫過一段批評女生找對象的條件不切實際的話：「想要男朋友，還希望這個男朋友有錢、帥、對自己好，最好還父母雙亡，妳以為妳嫦娥啊……」

我覺得這句話的反面，才是我們應該追求的方向：一個骨子裡神氣活現的人，不管在如何嘈雜的環境與險惡人流裡，都能把自己的日子過得自由奔放，風生水起！

特立獨行的貓哲學

下不了那樣的工夫，就不要想多得到一些什麼。這個世界，大致上還是公平的。

與自己充分結合，才是正能量

常有人說：「我學不會，求正能量。」、「我老闆是個變態，怎麼辦？求正能量。」、「我不想去上班，求正能量。」正能量彷佛是靈丹妙藥，只要得到，就能滿血復活；又好像正能量變成了逃避問題的辦法，如果沒有正能量，就永遠解不開問題的結。

我有段時間，因為工作太忙，加上主管和同事都生病住院，加班的過程心煩氣躁，恨不得對著電腦摔滑鼠。每天下班回到家，便烏雲罩頂地想，這種日子怎麼過得下去啊！很多問題攪在一起，根本來不及想，就變成了一個死結。辭職！消失！扔下這一切不管了！這些念頭，無一不突突突地跳出來，讓自己不由得心生絕望，感覺整個世界都暗淡無光！好想在什麼犄角旮旯裡看到句超神的話，讓自己能搞定這一切！

有天我打開電視，看了很久，看到幾句正能量的話，讓自己內心的溫度一點點升騰起來，有了一點點力氣，真正靜下心來，去仔細思考，把每件事都拆開來，釐清前因後果，最重要的是想出各種解決方案。仔細想，正能量這種東西，就像一股精氣神，充入每個人的心裡，讓你相信自己一定能贏，一定能做到，僅此而已。事情還是要靠自己來想辦法解決，而非全靠正能量。

隨著正能量這個詞越來越盛行，越來越多人在遇到困難時，第一個想到的不是如何解決問題，而是去尋找哪裡有正能量。但越是這樣，就越會喪失讓自己從絕望中爬起來的本能，總覺得需要一些外力，才能重振精神，鬥志昂揚。心情落到低谷的時候，都不知道自己應該如何從低谷走出來。時間久了，倘若方圓百里內，找不到一個合適的正能量，這日子就過不下去了。

曾覺得電影中的少年Pi超強，不是指他戰勝了多少身體與物質上的困難，而是他在一個毫無刺激、毫無正能量的環境中，不斷地打敗自己絕望的內心，戰勝自己的孤單和寂寞，一天天撐到了岸邊。如今我們的痛楚和絕望，大多源自於對未來的迷茫，對自我的要求過高，對社會的隱忍不安，而非來自肉體或物質的匱乏；社會的浮躁與虛化，將年輕人想要吃苦

特立獨行的貓哲學

正能量這種東西，就像一股精氣神，讓你相信自己一定能贏，一定能做到，僅此而已。事情還是要靠自己來想辦法解決，而非全靠正能量。

與耐勞的心情，通通趕跑，也造成了更多精神上的折磨與低落。這個時代有過多的正能量，以及過多的依賴，如果我們總需要正能量一類的「精神鴉片」來不斷刺激自己，當有一天，我們周圍沒有了勵志故事與心靈雞湯，這樣的日子還能否過得下去？自己求勝的信仰，是否能本能地打敗心底絕望的聲音，讓自己像少年Pi一樣，穿過孤獨的海洋？

即便我們每天吸收大量正能量，看很多勵志故事，讀很多名言佳句，但如果不能把這些內容與自己相結合，不能把這些內容融入生活中，讓自己每天都進步一點點，那所謂的正能量，也沒什麼太大作用。勵志故事依然是別人的，名言佳句依然是書上的，一切都沒引起什麼共鳴。無非是睡前的咖啡因，一覺醒來，依然什麼都沒有。

越是在條件好、資源多的情況下，越要苛刻地對待自己，假想自己在一無所有的地方，遇到正在面臨的問題，應該如何自己給自己正能量，而不是依賴他人。當我們的心情和態度慢慢轉變，很多負面的問題才會悄然轉身，向你露出溫暖的微笑。

特立獨行的貓哲學

如果我們總需要正能量一類的「精神鴉片」來不斷刺激自己，當有一天，我們周圍沒有了勵志故事與心靈雞湯，這樣的日子還能否過得下去？

最會開車認路的司機

晚上加完班，叫車回家，正好趕上一輛計程車載著客人，在我面前停下，我在車門前等著。乘客下車後，轉頭和司機說：「再見，常聯絡。」我很好奇，計程車司機也要常聯絡？

「剛才那個人是在機場載的，指定我的車，我去接他，一百五十元。」司機很熱情，開門見山地說。

「計程車公司還有這樣的服務？」

「是我自己開發的，我接送他三年了，每次他從美國到北京，都是我去接他的。他祕書發一個簡訊給我，告訴我航班和抵達時間，我就去了。一百五十元，包括停車費和高速公路過路費。」

「那你不虧嗎？機場叫車到這裡，都一百多呢。」

「這裡到機場一百一十元左右，過路費二十元，停車費十一元，我就賺他九元，這還不算我等飛機的時間，空車去機場的時間。虧是有的，但結下了這分交情，人家信任我。」

「那我要你接個人，你不認識對方怎麼辦？」

「妳把妳公司的 Logo 給我，印大一點。我舉著，對方能看見。然後告訴我你們是哪個 Office。我就能給妳準時送到。」這司機說話夾帶英文，我大驚。

司機接著說：「妳剛才看見的那個，是美籍華人，我們合作三年多了，彼此都跟朋友一樣。他之前的那個女老闆是新加坡人，我們合作了三年零三個月。外國人啊，在中國都是有任期的，她回國的時候，送了我一條水晶項鍊，非常漂亮。我自己買了一大幅〈牡丹圖〉送給她。我是個小老百姓，不能跟她比誰送的東西貴重，但這是我的心意，要讓她知道我是她在中國最好的 Driver。

「除了她啊，我以前還負責接送一個美國老外上下班，他家在機場附近的別墅區，每天送到東方廣場去上班。三年零五個月，我每天風雨無阻，上下班沒遲到過一次。妳想想那得怎麼樣才做得到？比如說，我要是下午有個到亦莊的客人我接不接？接了我就趕不回來了！所以我不能接這生意，只載短程的客人。我也損失啊，但我答應了這份工作，就要認真做。美國人回國時，我和他祕書到機場送他，都哭得淚流滿面。三年朝夕相處，都有感情啊。走的時候，他給我一個大紅包，三千元人民幣，裡面有張紙條，英文寫的，說我是他在北京最好的朋友，最棒的司機。我很高興，不是為這三千元，當然這也值得高興，但最主要的是，我做事很認真，這就是我的工作，我做好了，贏得了認可，我就高興。

「我跟他相處三年多，學會了一百多句英文，但我不會寫。妳想我一個快五十歲的人了，還能學英語？我最大的特點就是認真細心，像針那麼細的東西，我都能看見，妳別看我長得大剌剌的，我的細心一般人都想不到。

「做事啊，特別是你們年輕人，一定要認真。認真做事，老闆都看在眼裡，放在心上。我特別為我的工作自豪，雖然我賺錢不如你們多，但我很開心。我就是一個普通的北京計程車司機，能和那麼多的國際大老闆有那麼好的交情，贏得他們的認可，也算是為國家爭光。我從不騙乘客的錢，不繞路，坐過我車的外國老闆，都說我是最會開車認路的 Driver。」

司機興致勃勃地講了一路，我很內疚，不由得感慨起自己的生活，覺得自己每天都在混日子，還為自己的小聰明洋洋得意。

付錢，下車。「謝謝你，師傅。」

特立獨行的貓哲學

做事啊一定要認真。認真做事，老闆都看在眼裡，放在心上。

燕雀安知鴻鵠之志哉

以前帶父母去旅行時，跟我媽媽住一個房間的，是一位來自天津的G阿姨。G阿姨看起來笑語盈盈，言談舉止間覺得是個特別大氣又爽快的人。我媽跟G阿姨一起住了六天，因此聽到不少關於G阿姨的故事。

G阿姨出生於軍人家庭，從小家境不錯，兄弟姊妹都發展得很好，偏偏輪到她上大學時，「文革」爆發了。因為家庭因素，她受到了牽連，被下放到工廠。G阿姨雖然年輕，但資質好，到了工廠裡，每天依然拿訂閱的報紙、雜誌看，從不間斷。別的工友上班都在織毛衣、東家長西家短地聊天，還背地裡吐槽她怪異不合群，G阿姨也覺得很奇怪：「毛衣有什麼好打的？」於是，就這麼你打毛衣、我看報紙，「文革」結束後，G阿姨從工廠進入辦公室工作。

G阿姨的兄弟姐妹境遇都不錯，現在都是各個行業的中堅，只有G阿姨，雖然進了工廠辦公室工作，但距離兄弟姐妹們還有一大截。G阿姨的爸爸覺得很對不起她，但G阿姨覺得沒什麼，只要肯努力，心中抱著志向不自棄，走到哪裡都一樣，關鍵是對生活持有怎樣的態度，才能過上怎樣的生活。別看G阿姨現在六十多歲，據說退休後去過很多國家，亞非拉美義大利，護照都蓋滿了戳印。每一個跟G阿姨往來的人，都會被她的笑容和爽朗的性格感染。比起團隊裡其他的老先生老太太，一聊起來不是擔心孩子沒對象，就是擔心孩子不要生，G阿姨真是一開口，就讓人覺得她與眾不同，嘖嘖嘖，心寬量大氣質高。

G阿姨的老公年紀大了耳朵不太好，有時講話要多講幾遍。她老公很暴躁，總愛生氣，覺得自己很沒用，但G阿姨不這麼想。G阿姨跟她老公說：「其實最倒楣的是我，別人家老公說一遍能聽清楚，我得說三五遍你才能聽清楚。可我都沒覺得累，你生氣什麼？比起那麼多殘障者，以及老了生病臥床的人，我們已經很幸福了，多說幾遍話算什麼？」

G阿姨有次和老公為了小孫子的事嘔氣，還離家出走，住到飯店去。在飯店裡一想，為了一個小孫子，一個長大都不知道記不記得她、自己大概也看不到他長大的孩子，跟自己相濡以沫的老公生氣，太不理智。孫子不會陪伴自己一生，只有老公可以，而且老公一輩子努力賺錢給自己花，現在自己為什麼要為這個小孩子，傷了老公的心呢？想完，她就提著包包回家了。

G阿姨還會上網、玩手機、用朋友圈、在網上訂票等等，提起吃大龍蝦第一個從游泳池跳出來說要去。總之，G阿姨不同於團裡的其他老先生老太太，跟她在一起，不覺得她老，反而覺得自己不夠潮。G阿姨總是笑嘻嘻的，相比其他眉頭凝重的老年人，我總結出一個真理：「老年人拚的不是家產和背景，而是生活態度。怎樣的人生態度，就能過出怎樣的生活。」

我一直想寫寫G阿姨，但不知道怎麼寫、寫什麼，感覺G阿姨的故事特別多，每個故事都與眾不同。無論是在惡劣的環境下堅持學習不動搖，還是兄弟姐妹們都扶搖直上，只有她落魄在下，仍飽含熱情，並能將生活過得精采紛呈；又或者在老公身體有恙時，依然保持積極樂觀的心態……這些事，放到別的老太太身上，或放到年輕人身上，都可能向另一個方向演繹。

很多讀者跟我訴說：「我像妳一樣努力學習，現在和宿舍的人相處不融洽。這種不融洽讓我很難受，我覺得自己都沒朋友了。」、「我家有兩個孩子，父母偏心，根本不關心我，我覺得很傷心，感覺人生都完了。」、「我覺得我跟別人不一樣，但如何才能讓自己出類拔萃？就是每天學習嗎？會不會太辛苦？」我不知道G阿姨退休之前的生活是怎樣的，不知道她苦不苦、累不累，孤不孤獨、寂不寂寞、難不難過。我想把G阿姨的一切都總結為格局大，一個格局大的人無論在哪裡，無論遇到怎樣的困難，都能活出萬丈光芒。

人生的每個階段，大家都差不多，上學、上班、結婚、生子。年輕時總愛去跟別人比，房子有沒有別人的大，車子有沒有別人的貴，婚禮是不是比別人的更驚豔，孩子是不是比別人家的更有才華，可就算贏了一點點，又能代表什麼呢？其實，在每個人生活的小圈子裡，彼此間的差距並不是太大，可一個人究竟過得怎麼樣，從他的眼睛和眉頭，就能看出來。心懷的世界是什麼樣子，就能活成什麼樣子。

說一句負能量的話，燕雀安知鴻鵠之志哉！如果你總覺得自己不同凡響，是一個臉朝地摔下來的天使；但你從來只抱怨不行動，或被別人的閒言閒語牽絆得心有餘悸，那你其實生來就是一隻燕雀，不是鴻鵠，而且這輩子大概都當不了鴻鵠。

特立獨行的貓哲學

對生活持有怎樣的態度，才能過上怎樣的生活。

不要等待，愛正在路上等你

「不要等待，愛正在路上等你。」以前看過的一個故事，用這句話來形容，甚好。

女主角湯佳，似乎不是一個學業上多麼出眾的女孩，她只是突發奇想到廣西陽朔那老國人集散地，找個英語班學學，卻在那裡遇到了自己的「王子」。這段頂多算是豔遇的感情，最後變成了一段跨國婚姻。但不同的是，她並沒有立刻投身到新婚的熱情中，與外國男人研究在哪裡定居更適合孩子的未來；也沒有選擇與閨蜜、同學及國內還沒嫁出去的剩女們晒幸福、晒幸運，而是選擇與老公一起騎單車去旅行，從上海到德國，讓兩個人的青春、愛情更有年輕的味道與愛情的力量。他們的故事，其實算不上可歌可泣，也算不上感天動地，只是有那麼一種柔軟的思想：「不要去等待，愛正在路上等你。」

曾有一段時間，因為工作，我成天在飛機上飛來飛去，每週都會遇見一個大叔坐同一架航班。有一天，他實在忍不住，問我：

「妳這個年紀，應該每天都在玩鬧約會睡懶覺，可妳總飛來飛去，怎麼有時間戀愛呢？」

那時我無法回答他，可那一刻我突然意識到自己的生活好糾結啊。一面要努力工作，提高自己的能力和水準，這樣才能讓人看見、看得起；一面家人又在講，不能總忙工作，也要關心個人生活啊，可哪裡有時間呢？每個女生的父母都覺得，女婿最好是高富帥，否則自己精心養大的女兒，怎麼捨得出手；每個男生的父母都覺得，兒媳婦最好勤勞又勇敢，我兒子在家飯來張口茶來伸手就好了。每個家長都覺得，愛情就是找一個人來繼續照顧自己的孩子，認為自己的孩子不需要任何付出。於是，每個年輕人都在如此這般的世俗干擾和限制下，尋找幾乎不存在的愛情，還要兼顧繁重的工作和個人夢想。結果找不到，沒精力，還很想和家長吵一架，逼人結婚，到底是要怎樣啊？

小阿姨年齡和我相仿，那時正失戀。我賊笑著湊過去找她聊天，小阿姨一把鼻涕一把眼淚地痛訴愛情怨念。在我看來，失去一個男人，並不是小阿姨憂鬱的事，她最擔心的是失去了對未來愛情的憧憬和再愛一次的勇氣。想想愛情，其實是一件挺難的事，不是簡單的你愛我我愛你，就可以永遠如膠似漆下去。兩個從小生長環境不一樣的人，要在一起相互信任和關愛，是多麼難的一件事。年輕人越發熱衷於純愛電影裡的小清新，生活在房子車子金錢牢籠裡的我們，越發無法相信愛的力量，便從影視劇中期盼找到一點點心靈的慰藉和光亮，幻想自己是劇中主角，純美得讓人願意付出一切的愛的光芒，照耀到自己身上。

其實，但凡還在講條件的愛情，都是欠火候的愛情，如果我們對一段感情還在挑挑揀揀，指東道西，那這愛情就還需要繼續回爐深造。我有一個同學，算得上青梅竹馬，從很小認識到現在，原以為兩個人會在一起，原以為兩家背景相當，從小知根知底就會有好姻緣，我們也曾努力過，但始終覺得少了一點什麼；我們也曾經名義上在一起，但內心根本不覺得在一起。你來我往，雙雙放棄，今天的我和他都有自己的感情生活，回想起彼此，愛情並不是門當戶對就能一切都好，錢財車房也不是最重要的，只有心底的感覺最重要，幸福的感覺，只有自己認可才最重要。

每個和我差不多大的年輕人，也許職場和生活都走在不同的路上，但

特立獨行的貓哲學

愛情，其實是一件挺難的事，不是簡單的你愛我我愛你，就可以永遠如膠似漆下去。

感情生活大多有同樣的困擾和迷茫。小阿姨說：「我不知道在目前的工作和生活裡，究竟該怎樣認識更多的人。」我們自負、我們御宅、我們自閉，我們坐在家裡的床上，盤腿抱著電腦，看遍愛情電視劇，卻找不到自己愛情的方向。說實話，沒關係，年輕，就是這樣。

「不要去等待，愛正在路上等你。」宇宙洪荒，天地遼闊，人各取捨，我仍愛著。小阿姨，妳呢？

特立獨行的貓哲學

愛情並不是門當戶對就能一切都好，錢財車房也不是最重要的，只有心底的感覺最重要，幸福的感覺，只有自己認可才最重要。

轉角，遇見更美的天堂

在一本雜誌上看到一篇文章，講一個男人在四十歲時，重新開始規劃自己的人生，考慮該如何換一個方向繼續航行，那感覺如同我大三換校一樣。我所謂換校不是交換，不是交流，純粹就是一場生存大考驗。離開，意味著放棄一切熟悉的東西，放棄一切榮光，放棄一切利益，甚至付出或倒貼出去已有的東西。可當一個人發現了更加寬廣的航道，更壯美的風景，是固守在原來的領域裡循規蹈矩，還是勇敢地迎接暴風驟雨，轉舵進入更加寬廣的航道？

文章的作者，是設計領域的尖端人物，在四十歲正值事業高峰時，轉向另一個方向，原因是他想嘗試，想看看其他地方的風景。說得容易，可做起來很難，已經熟悉的，不捨得放棄，放棄了這麼多年的積累怎麼辦？新領域的資源如何積累？自己一定能成功嗎？如果半路失敗了怎麼辦？對於一個財力尚可、足以支撐自己試試喜歡的東西的人，這樣的擔憂可能會少很多，但一般普通人，放棄的同時就會面臨生存的風險，很少有人能安安心心地遊山玩水，全然不顧下一步要怎麼辦。

看完這篇文章，我在論壇上看到高中同學猴子的新鮮事，在論壇相簿裡，放著很多她擔任主持人，在產品發表會上與楊瀾對話的照片。猴子是做廣告的，在國內一家不太有名的小公司上班。我曾一度覺得，像猴子這種校花級的美女，每天加班搞創意真的很委屈，而且猴子高中時可是短跑運動員，隨便參加個省級運動會，都是第一第二的水準。已很久沒有和她聯繫，現今突然看到猴子在夢想的道路上拐了個小彎，真的開始做主持人了，像我們期待以及她擅長的那樣。我相信，猴子一定沒有辭職，只是在自己的主航道上，開闢了一條岔路，偶爾不忙時到岔路上看看風景，體會一下不一樣的情懷，當然還能賺到一些人脈和外快，從而更加穩妥而清晰地看到新航道上是否風平浪靜，有沒有險灘暗礁。

我留言給猴子，跟她要發表會的影片，看看以後是否可以請她做我們發表會的主持人。這是兼職嗎？當然不是，這是夢想。當我們還沒能力為自己的夢想全額付清時，不妨為自己開出一條岔路，去分期付款。

其實經常走走岔路，也許會看到自己根本不知道的風景，探索一些自己沒有發現的寶藏。比如我開始寫部落格以後，才發現我需要讀書，因為剛開始的時候，經常寫到腸枯思竭，寫不出來就憑空捏造，久而久之惡性循環，自己內心也不痛快。因此，我從豆瓣上找書來看，認識了很多讀書的朋友，以及出版社的編輯和行業裡的神人，不僅讓我看了更多的書，也讓我學到了出版界的很多知識，算是跨界學習。久而久之，也會稍有欣慰自己的思維還能流動，不至於乾涸到沒有流動的可能。當然，身為專業公關和社交媒體人，我可以透過自己的文字，看到一個品牌如何一點點地建立起來，什麼時候會被讚，什麼時候會被罵，被讚或被罵時，應該如何回應。在這些東西背後，是我一點點用心嘗試，去接住那或好或壞的果子，再一點點吃掉。在這過程中，我會越來越專注自己的夢想。我還認識了很多人，看到了很多人的世界、很多人的風景。因為寫作，我的世界變得越來越大，越來越美好，越來越明亮，也因此沒心情沒工夫去計較別人對自己是否公平，別人是否說了自己的壞話。這些都已不再重要，因為我的心裡，裝了很多很多美好的東西，沒有容納負面事物的地方。

好友在郵件中跟我說，她想從廣告轉公關，但某跨國公關公司告訴她只能從基層做起，月薪兩千元。身為一個做過兩年廣告的非畢業生來說，這是一個難以接受的價格，況且她還不是一個能為自己夢想全額付清的小青年。她的文字寫得很真實，讓我想起了那麼多發給我郵件，講自己想跳槽轉行的小夥伴的無奈和憂鬱。對此，我覺得一艘大船要轉方向，總是需要一定時間的，慢慢轉，先轉二十度走一走，你會發現新的、更美的天堂。

特立獨行的貓哲學

當我們還沒能力為自己的夢想全額付清時，不妨為自己開出一條岔路，去分期付款。

第三章

我相信，夢想是最好的信仰

擁有夢想的人，擁有無窮的力量。我相信，夢想是最好的信仰。擁有夢想的人，無論什麼時候都充滿希望。在追逐夢想的路途上，即便汗水，也會化為甘甜。

孤獨，是每個夢想必須經歷的體驗

在電影院電梯裡，牆上貼著周傑倫的海報。朋友驚訝地說：「這是什麼？周傑倫的歌舞劇？他怎麼又玩歌舞劇了？」我抬頭看了眼海報，看了一眼這個心中曾經的偶像，這個我曾跑遍全國追他演唱會的巨星。我已很久沒聽他的歌，也很久沒聽到他的新歌了，或者說，我已很久沒聽到他讓我心動的新歌。我記得他剛開始拍電影拍得一團糟時，我也不理解他的選擇，歌唱得那麼好，為什麼要去拍電影？拍得那麼爛，還要被人罵，拍爛了連新歌都沒再推出，於是罵聲更是滾滾而來。

直到我進入社會，開始為自己的人生尋找方向，走向自己每一個不熟悉的夢想時，才體悟到那種想要不斷嘗試和渴望突破的心緒，也才明白在沒有掌聲和歡呼聲的暗夜裡，朝陌生領域不斷前進是如何孤獨、寂寞，外加不被理解和有心無力。自此之後，無論看到周傑倫轉向什麼領域但無法像音樂那樣完勝時，內心總會暗暗為他加油。

《中國最強音》中曾有個選手叫劉明輝，他本是數學老師，卻有著渴望做歌手的夢！我調出他所有的演出，發現他很少有笑容，很少大喜大悲，演唱風格和選曲風格單一，從未改變。我猜想他一定是經歷過很多磨難，內心有過許多掙扎，也經歷過很多流言蜚語，以至於內心變得堅硬而很少能被干擾。這不僅僅是換一個行業這麼簡單，也不是換一家公司那麼容易，而是從傳統中最穩定、最受人尊敬的教師，換到了完全沒保障、收入忽高忽低的娛樂圈，從講臺到舞臺，這一步，差別真的很大。

每次看他演唱，我都會想到我一個做數學老師的朋友，她的夢想是當導遊，於是她從畢業就跟我講啊講啊講啊，說她要學外語，要上導遊培訓班，要熟讀全國的景點，就這麼一直說一直說，到現在她還是數學老師，結婚了，生了孩子，之後再沒聽她說過導遊的事，每次見面，她只問我能賺多少錢，以及她又買了什麼房子什麼車子。她說她已經不想做導遊了，跨出那一步太難，沒人相信她，老公也不支持，現在有孩子更加走不了了。有次現場看完劉明輝的演唱，很想打個電話給她，告訴她：「我看到妳實現夢想的樣子了！」只是不知道，她是否還記得那個年少的夢，記得那焰火下夢想曾駐足的地方。

每一次講座，每一次和朋友們分享，大家都會問我：當一個人十分篤定地向自己的目標前進時，內心會不會很孤單、寂寞？周圍的人能不能理解自己的做法？對於父母的不信任，是否真的能做到不在乎和不理會？面對周圍的一切閒言閒語，如何才能讓自己心性篤定往前走？每次被問到這些問題，我總是會想起很久以前看到的一句話：「這個社會的每一次變革，都是由那些願意冒險、排除干擾，並承擔責任的英雄完成的。」每一次在我堅持不下去時，都用這句話來激勵自己，可每次都沒辦法把這句話告訴朋友，因為覺得這句話太大，說出來會顯得虛偽。

我一直覺得，任何人做事，都不可能一呼百應，讓周圍的每個人都支持和理解你，很多人打擊你，是因為他們不相信自己能做到，因此也不相信你會做到，所以才添油加醋地排擠你。現實是很殘酷的，一個人往前走往往很快，非要三五成群、攜家帶眷，希望先取得別人的支持和鼓勵，才有勇氣往前走的，多半走不了多遠。大學裡我百分之九十八的時間，都是一個人做事，一個人吃飯，一個人讀書、上課、回宿舍，這樣的做法不一定是對的，因為會少了友情，但這一切卻是習慣孤單的練習題。閱讀名人傳記就會發現，普通人和名人的經歷其實大致相同，唯一的差別就在遇到困難和障礙時，是打道回府隨波逐流，還是心無旁鶩勇往直前！

至於如何能讓自己信念堅定，我也沒有很好的辦法，就像你以為自己白天上班晚上上課還能早起很了不起，但總有人能起得比你更早。在這世界上，誰都沒有超能力，不過你要清楚自己能做什麼，決定自己要做什麼。每一條路都會通向未來，關鍵是看我們到底能走多遠。每當我們克服了一個個困難回頭看時，會覺得曾經的那些困難，事後看起來都像毛毛雨，但這些毛毛雨會讓自己內心強大一點點。想要光宗耀祖、魅力四射，卻又瞻前顧後，那你就只能永遠是現在這個樣子。

自己的夢想不被人理解，也許是因為自己曾誇下海口，又很多次沒有做到。真正的夢想，放在心底，全力衝刺就已足夠。每當暗夜裡一個人為了夢想往前跑時，表面上看來似乎只有你一個人在孤獨奔跑，但在靈魂深處，你應該感覺到這世上有許多神人，在和你一起奔跑。這時的你，感覺到的便不再是孤單，而是和眾多志同道合的朋友，為實現各自的理想而一起奮勇拚搏。這世上沒有誰天生就該幫我們，信我們，可如果我們的夢想，需要親朋好友在旁邊鼓掌才可以實現，那你多半不是為夢想而戰，而

特立獨行的貓哲學

在這世界上，誰都沒有超能力，不過你要清楚自己能做什麼，決定自己要做什麼。每一條路都會通向未來，關鍵是看我們到底能走多遠。

是為虛榮做秀。

自己有一個夢想，別人總是會說閒言閒語，該怎麼辦？當夢想遇到現實時，每一天早晨鬧鐘響起，你是一躍而起還是翻身再睡，就是證明自己的最好答案。焰火下的孤獨，是每一個夢想必須經歷的體驗，每個人都一樣。

特立獨行的貓哲學

真正的夢想，放在心底，全力衝刺就已足夠。

給自己的心靈放個長假

大學畢業這幾年，我在很多人羨慕的一線城市奮鬥，在很多人仰慕的行業巨頭世界五百強公司工作，同時也把愛好做得蒸蒸日上、風生水起……經濟不再拮据，生活不再緊張，感情穩定幸福，家人和睦健康，每天過得安靜有序。可這樣看上去很充實的生活，我也彷彿能一眼看到底：生個孩子，為孩子的成長奔波；再上二十多年的班，便可以退休享受生活；繼續每天爬格子寫文章，可終究有一天我會長大，人生會翻開新的篇章，也會有更多的角色和人事，抵禦困難的能力越加強大，熱血和衝動也會變成最平常的力量。那麼，我的人生，就這樣下去了嗎？我年少時內心曾裝著整個世界，可現在怎麼彷彿連條能看得遠點的路都沒有了呢？

想想自己和周圍的朋友們，彷彿每個人都在經歷一樣的人生階段。畢業剛進社會時，像隻無頭蒼蠅一樣；過幾年生活稍微好點，又開始急著買房買車結婚生子；再過幾年，像身邊很多事業有成、家境富裕的朋友一樣，物質需求都已滿足，甚至超過，卻因生活瞬間沒了目標而鬱鬱寡歡。越往前走，生命的枷鎖越多，我們都無法在下一段旅程開始前，放下過去的負重，比如名聲、錢財、成就與驕傲。我們的見識越來越廣，可內心的世界卻越來越小，最後只剩下刷微博，刷朋友圈，日漸長成了我們曾經厭惡的樣子。

工作幾年後，職場生活開始進入單一方向，一旦發生困難，內心很容易產生絕望，生活又恰好轉到了房子、車子、孩子的世界裡，壓力和焦慮便成為生活的主旋律。年少時內心的世界，見鬼去吧，都是幼稚小朋友心中的事，可事情真的有這麼糟糕，甚至糟糕到無法挽回嗎？

有一天早晨醒來，我決定要改變一下這種狀況，我嘗試清空自己的大腦，忘記以前的事情，忘記之前所有的成績，假設自己是另一個人，我想看看這另一個人不帶枷鎖的生活，究竟能變成什麼樣，這聽起來有點靈異。我讓自己以一張白紙的狀態，不帶任何目的地看很多平時不看的書，比如木工、自然、生命輪迴、通靈、精神病學、醫學等，之後盡力用無關商業和功利的思維，聽從內心對自己做出下一個階段的判斷。我給內心放了這樣一個半年時間的假，完全是為了好奇，而不再是為了所謂的目標，去接觸周圍

特立獨行的貓哲學

嘗試清空自己的大腦，忘記以前的事情，忘記之前所有的成績，假設自己是另一個人，看看這另一個人不帶枷鎖的生活，究竟能變成什麼樣。

陌生的東西，內心慢慢放鬆，才發現自己未知的路其實有很多很多，要學習和進步的地方也很多，眼前的世界一下子大了起來。這些不斷捕捉的未知，看起來很像什麼都喜歡，什麼都只嘗試一下，但在這之間，我發現了內心未來的新方向，以及自己究竟可以用怎樣的姿態，迎接未來的世界。

在這個過程中，我開始反思過去的生活。我們做的每一件事，都有明確的目的，沒達到目標，便是人生的失敗，可究竟什麼是成功？我們的眼裡，只有一個又一個的目標，可世界這麼大，是否可以嘗試一些毫無目標、只是單純喜歡的事呢？對我來說，讓自己歸零，忘記曾經的自己，是真的忘記，是重新開始，降低姿態，內心謙遜，用孩子一樣的眼睛和好奇心，去觀察周圍的世界，讓自己每天都有新發現、新收穫，看到未知世界的奇妙與驚喜。

我們內心的十字架，其實都是自己給自己的，放下就是一分鐘的事，只是我們都不想放。心裡覺得勞累和辛苦時，給自己的心清出一點點沒有功利的地方，才會有新鮮空氣進來，也才會讓生命在固有的枷鎖裡探尋到新的方向和可能性，對新鮮事物的好奇永不停止，才會永遠年輕，永遠熱淚盈眶。

特立獨行的貓哲學

我們內心的十字架，其實都是自己給自己的，放下就是一分鐘的事，只是我們都不想放。

想辭職去旅行，先低頭看看錢包

之前去了趟日本，走了走關西地區和東京，不得不說，十一天的行程，每天都把自己累得半死，每餐都吃得精光，可還是餓餓餓。要是再多待幾天，大概就要殘廢在日本。由此感嘆，幸虧只是十一天，要是環遊世界，大概就得直接流亡海外。

提起「環遊世界」這四個字，恐怕是每個人最嚮往的四個字，也是最常被當成夢想的四個字，但如今彷彿變了味。人們總是動不動就拿旅行說嘴，工作不稱心就說自己的夢想是環遊世界不是辛苦上班，被主管批評了就說自己的夢想是環遊世界不是坐辦公室，上學考試不如意就說自己的夢想是環遊世界，外國學生如何雲遊四方，學校老師不開明也沒見識，想買房子買車又不想努力賺錢就說自己的夢想是環遊世界，不能把錢和一輩子都套牢在房子上。難道人生除了上班、下班，上課、下課，買房、買車、結婚、生子，就只剩下旅遊了嗎？

我二十歲出頭的時候，也想去旅行，去歐洲，去美洲，去哪裡哪裡，沒多少錢，但有年輕的好心情。很多人說，年輕時沒錢但是有時間，等年紀大了有錢卻沒了當初的心情。這話不假，可這並不能成為你年輕時便休學、辭職去旅行的理由。這些年總能看到一些辭職去旅行的年輕人，並不是所有人都能在旅行中找到自我價值，也不是每個人都能在海外流亡超過三十天後還不想回家，更不是每個人都能在回來後找到更好的工作與未來。旅行的意義究竟是什麼？年輕人看似豪邁、灑脫的旅行背後，究竟是為了看世界，還是逃避現實？

人生那麼長，總要用一段時間的不自由，來換取其他人生階段的自由，總不能什麼都讓你一個人得了。做什麼什麼沒有，吃什麼什麼不夠，還要拔腿就能去旅行，這顯然不切實際。年輕的時候荒廢了光陰，年紀大了需要用更多自由的代價去彌補；年輕時的奮鬥，也同樣能換來其他生命時段的自由。我剛上班的時候，看到周圍的前輩們每天忙得要死，總覺得那不是自己想要的未來，我便想去環遊世界。那時我想，現在辭職旅行，頂多能去越南、老撾、柬埔寨，為什麼前輩們看上去那麼忙又沒心情，可好像也沒耽誤他們每年去一次亞非拉美義大利？後來我終於明白，工作與旅行，有一個完美的共存關係，職位越高，帶薪年假就會越多，薪水越高越不需要為了廉價機票只能在某個時間出遊，只要妥善運用已有的國定假日，以及自己的各種假期，就能有一個好時機。而職位高能力強，也不用擔心旅行回來沒人要，實在太累了就休息兩個月，回來依然炙手可熱，這可不是年輕人什麼本錢都沒有，只有年輕這一項資本所能達到的境界！

我想起了個高中同學，她現在是國際記者，每天在世界各地飛行。每天她都在不同國家，很多是持一般護照去不了的地方，對她來說去那裡輕而易舉，更重要的是，工作和旅行，完全公費。

這時候肯定有人說：「哎喲，我去，這太爽了，他們還徵人嗎？」

拜託，這份工作可不是普通人做得了的。首先，英語要非常好，這位同學從大一就是新東方的英語老師，中間還去美國讀了兩年書；其次，寫作能力也要好，特別是英文書寫能力；再者，就是其他各種你想得到的專業素養也要具備。我曾和一個十四歲就考上北大，且還是當地高考狀元的小美女聊天，這女孩現在每學期換一個國家交換學生，她說：「我只是把別人抱怨和吐槽的時間，用來背歷史書上的備註而已。」聽到了嗎？所以還在掙扎早晨能不能早起十分鐘的普通人，能有個帶空調的L型辦公桌工作就已經很棒了！別再糾結為什麼老闆不給你一年三十天的假期。

每個人都有過雲遊四方、四海為家的夢想，但我們都只能在現實中慢慢長大。這世界不會對誰特別，即便是那些看上去很美的旅遊達人，你可曾知道他們受過的苦，流過的汗，遇到過的危險，心驚肉跳的瞬間？一位在旅遊界很有名的朋友跟我說：「即便是有了贊助去環遊世界，不用為錢發愁，可人家怎麼會免費贊助你？等到要你寫文章打廣告時，人家怎麼說你就得怎麼寫，那種文字的不自由，比缺錢更讓人難受。」

我並不反對年輕人去旅行，只是千萬別動不動就想辭職，拿旅行當藉口。人生中遇到困難的時候，請提升自己，解決問題，而不是逃避在旅行裡。世界那麼大，人生那麼長，想辭職去旅行的時候，低頭看看錢包，想想回來以後的路，不排除這世上有人環遊世界，還依然能成名賺錢、活得非常灑脫，但身為普通人的我們，千萬別忘記，媒體鋪天蓋地的宣傳，就是要來唬弄我們的。

每日三省吾身：白嗎？富嗎？美嗎？高嗎？帥嗎？好了，快去上班吧！

特立獨行的貓哲學

旅行的意義究竟是什麼？看似豪邁、灑脫的旅行背後，究竟是為了看世界，還是逃避現實？

為什麼找不到好工作？

在論壇上看到小時候經常聽到的一句話：「學好數理化，走遍天下都不怕。」後來，上了大學又有一句類似的話：「開車外語電腦，畢業工作來找你。」從小大家就朝著這個目標努力，結果還是有大把的人失業，這是為什麼呢？我突然想起兩個人來。

二〇〇八年全球金融危機，很多跨國大公司的分公司都不招正式員工，只招不會被總部發現的實習生，小A就是在這種情況下進入公司做實習生的。她做得很好，但是那種沒沒無聞的好，沒大優點也沒大缺點，什麼都一般般。這在平時可能會順利轉正職，本來實習生也不指望有什麼驚天的能力，但在全球金融危機時期，這就有點難度。公司嘛，都是要有用的人，容易取代的人，從來不是老闆關注的焦點，何況是實習生？

有天晚上同事要交一個方案，很晚了還沒做好PPT美化。小A加班時，被同事看見，抓去趕鴨子上架做基礎排版，結果出人意料的是，小A不僅做好了排版，還做好了美化，甚至做出了動畫效果，這讓同事們感到驚訝。據說那天小A被眾星捧月般圍在電腦前，直做到後半夜。

從那以後，小A變身PPT大神，成為公司各組的頂梁柱。每個員工都能做一般的美化，但像小A那樣高超的美化大師，別說在我們當時的公司，就是現在任何一家公司，都不多見，誰家有這麼個寶，都得供著。後來小A畢業轉正職，是公司老闆親自發郵件給美國總部申請的。那一年，中國區就這一個轉正職的名額，給了什麼都一般般，但PPT美化特別突出的小A。

第二個故事的主角，是我以前的助理，當年一腔熱情不計回報地在我身邊，幫我做任何事情，準確地說，是幫我做了不少PPT。她大學畢業第一年，工作很不順利，工作內容不算擅長，公司不穩定，還經常鉤心鬥角。第二年，她應聘到一家私立學校做後勤科主任助理，沒關係、沒門路，想塞錢都沒地方塞。臨面試前，她做了個PPT，我幫她改了半天，至少改到不那麼多字。面試過後，她被錄取，原因是她的PPT做得稍微比別人好看一點，這讓我有些意外。自那之後，她買了很多有關PPT的書來學，她說

特立獨行的貓哲學

無論是生活還是職場，只要能有一個特長，就能活得很好。

這份PPT是我幫她改的，以後她要是沒我做得好，就會露餡，於是努力學了很久。有天晚上，我突然收到一條短信，她說：「突然很想妳，很想感謝妳，謝謝妳當年對我的提點。現在學校從上到下，連校長出去講課時的PPT，都是由我來做。工作每天都如魚得水，非常有成就感，謝謝妳。」我覺得很感動，其實我並沒有指導過她什麼，都是她自己主動學，主動做，毫無抱怨，毫不計較地幫我，同時也是幫她自己。那些年，我只是偶爾唬弄她說：這世上沒有什麼東西是學了沒用的。

現實中的我們，經常覺得自己是不是學得不夠，於是拚了命去讀書，上培訓班，聽各種講座……每個人應聘時，履歷裡都寫著各種技能，可這些技能看起來都很像，而且真用起來，彷彿也沒寫得那麼好。比如我也買了很多Office使用技巧的書籍來看，可基本上買回來就束之高閣，然後每次做PPT，都淚眼婆娑地看著醜陋的排版。

越長大越發現，無論是生活還是職場，只要能有一個特長，就能活得很好。這世界不是學好英文才能找到好工作，做好PPT也一樣有強勢的競爭力；這世界不是學得越多越厲害，老乾媽會做辣椒醬也能成為國外美食雜誌爭相報導的對象。精英教育讓我們的眼界和心胸都變得狹窄，以為擠破頭進高學府的生活，才是正道。可這世界大得很，大到有時候自己想起來都會莫名地有好好生活下去的勇氣和力量。曾跟在我家對面辦公大樓上班的瑣瑣開玩笑，我說我乾脆辭職在家做午餐，賣給你們公司員工好了，你們一個公司就能養我全家。只可惜，到現在我還停留在看食譜才能做飯，手機沒電連下一步放鹽還是放醬油都不知道的程度。

這世界不是只有「開車外語電腦」，當然也不是只有Word和PPT。發展自己的核心競爭力，哪怕是煎餅攤，把一項技能做得比周圍的人好一點點，就可以為自己的人生帶來好運。就像我認識的一個顏小姐，做得一手好菜，三不五時就為辦公室的同事們做蛋糕、烤雞翅，看著同事們開心地吃著自己做的料理，那種成就感和幸福感，讓我羨慕得不得了。

別總覺得全世界都要害你

我媽年輕的時候，不太注意牙齒保健，每次牙疼都吃點消炎藥，就繼續工作去了，現在快六十歲牙齒幾乎都壞掉了，前段時間打算去口腔醫院澈底治療一下。口腔治療，大多都沒有補助，因此選擇了幾家知名的私立口腔醫院進行諮詢，連續問了兩三家，都開出相似的治療方案和挺高的價格，這讓我們有些不安。畢竟口腔手術不像買衣服，萬一花了錢還做不好，實在很煩。恰好表弟是公立口腔醫院的醫生，於是我們去問表弟。表弟說：「普通人和專業醫生，對病情的判斷和理解肯定不一樣，別用自己的理解，來判斷醫生的方案對不對，別總覺得醫生要騙妳錢什麼的，沒有一個醫生不想讓病人康復的，就算他想要妳的錢，也還是希望能把患者治好。至於價格，選便宜的也可以，但貴有貴的道理，私立醫院的醫生想要更多的抽成不假，但還是以治療達到最好的效果為目標。別總覺得人人都要害妳，要相信專業水準，醫生至少要學好幾年才能開始從醫。」

聽了表弟的一席話，我們最終決定在家門口走路五分鐘就能到達的私立醫院進行治療，整個療程持續六個月，從拔牙到治療，全程沒什麼痛苦。我媽每次散步去，醫生護士都親切有愛。

身為家屬，我偶爾早晨去看看，醫院還提供早到的家屬各種早餐，還幫我拔了一顆智齒。不用排隊，不用掛號，不用跟很多人搶時間。我始終記著表弟的那些話，好好看病，別覺得自己什麼都懂，別用自己的認知評價專業，別總覺得別人要害你。

我們的生活裡，經常有這樣的事發生，總覺得自己什麼都懂，從來不相信別人的專業，總覺得別人要害你、騙你錢，比如寧願自己抑鬱、難過、性格扭曲，也不看心理醫生，總覺得那是騙錢的；寧可自己的職場生涯一塌糊塗、想不明白，也不肯認真地做一次就業諮詢；什麼都自己DIY，耗費了很多很多時間，走了很多很多冤枉路，把自己搞得快抓狂，也不肯花錢找專業人士來幫你，總覺得別人都是騙錢的，好像所有人都要來害你。

我理解這個道理，是從我健身開始的。我第一次去健身房時完全傻了，除了跑步機，什麼都不會用，於是我決定請教練，第二節就買了教練課程。到目前為止上了三個月的課，中途換過一次教練（前一個教練辭職了），有幸領略兩種不同風格的健身方法。

很多人都說我被騙了，中國的健身教練都不成氣候，都是騙人的，都是自己有塊肌肉就敢出來炫耀等等，但對我來說，在健身塑形這件事上，我從未感到困惑，每當我有問題的時候，都有至少比我懂很多的人在身邊。我不否認很多人不請教練也能成功瘦身塑形，但對我個人而言，我沒時間和耐心去研究，可能我研究兩個月才能摸索出一點方法，但我等不了。健身三個月，我的體態發生了很大變化，肌肉和力量強度大大上升，整個人每天都神清氣爽。而我的一些朋友也紛紛找了健身教練，有錢多買幾節課，沒錢少買一些，一頓飯一場K歌所花的錢，就可以請一次教練，每次她們開心地跟我聊自己的變化，我便也跟著開心起來。

當然，不可否認，這一切都是要花錢的，而且請專業教練確實比較昂貴。我只是個普通的外商打工族，除了不高不低的月薪，還有房貸、買衣服等各種消費，所以只能將業餘時間用來做各種事情賺錢。我是一個特別愛錢的人，但我也相信砸下去的錢，永遠和收穫成正比。想賺錢，從投資自己開始，不要陷入迷惘、停滯不前，用節省下來的時間學習新東西，總有一天你花的錢會加倍賺回來，勇氣與捨得，缺一不可。如果你只叫囂自己沒錢，剛畢業，生活在小城市沒有賺錢機會，所以每天下班就是看看電視、吃吃喝喝，外加睡覺，那接下來的話就不用再說了。

我媽的牙齒經過一段時間治療，終於全部做好了，最後一次複診，跟醫生一起拍了個照，我媽露出健康的牙齒開心地笑，醫生把照片洗出來放在相簿裡，裡面每張照片都是康復病人的笑容。前不久，我媽喀嚓喀嚓地啃一個蘋果，她邊啃邊說：

「這麼多年，我都沒這麼痛快地吃過蘋果，每次都是切成小塊輕輕地咬，這回終於能自己啃蘋果了。」為了這一句話，我覺得我做的一切，都是值得的。

特立獨行的貓哲學

想賺錢，從投資自己開始，不要陷入迷惘、停滯不前，用節省下來的時間學習新東西，總有一天你花的錢會加倍賺回來。

裸辭之後，上廁所都要自己花錢

剛辭職的好朋友齋老師意氣風發，每天睡懶覺看看書，哼著小曲晒太陽，好不舒服。可過沒多久，就聽齋老師說了句驚世駭俗的話：「裸辭[9]之後，沖馬桶都要用自己家的水啊！」這話聽起來超機車，可回頭想想，還真是有畫面啊。想想上班族每天只有早晚用自己家的廁所，其他時間都嘩啦啦地用辦公室洗手間的水，溫溫的水、泡沫洗手液、熱熱的烘手機，那種暢快，沒有裸辭緊張感的人，真的無法體會。

年輕人容易衝動，特別是衝動之後暴怒，暴怒之後不淡定。這年頭，物價飛漲，唯有薪水不漲，加上節節高升的工作壓力，悲憤之下做出什麼事情都有可能。通常，裸辭那一瞬間是完美而神聖的，大有意氣風發的英

9 意指不計後果、也沒有找好下一個工作就辭去原有的工作。

特立獨行的貓哲學

魄力＋財力＋才力＝快樂裸辭。

雄氣概，各種羨慕嫉妒恨也接踵而至，當事人在這個時候大有領袖之風：「哼，老子不幹了，誰愛做誰做吧，老子不管了！」可是之後，也許就不淡定了……

我有兩個朋友都是裸辭的，我眼睜睜看著他們從裸辭到悲催，為了這篇文章，我特地採訪了二位神仙，挖出他們那段不為人知的歲月歷程。

裸辭苦主一：男，二十七歲，北京人，時間長了，心就虛了

我剛辭職的時候可開心了，想看書看書，想睡覺睡覺，每天優哉地聽音樂看書晒太陽！實在沒事做，便跑去朋友家幫他們做飯，我當時想：要是一直沒工作多好啊！可好景不長，我開始心慌了，因為積蓄沒多少了，日子開始辛苦了起來，每天的伙食變成饅頭青菜，偶爾吃頓白菜燉魚。我在裸辭期間剛好要交房租兩千元，日子頓時捉襟見肘，又花了三千元學英語，手上只剩下一千元了。我還要生活，妳懂的，一千元基本上不是錢，電費、網路費、電話費什麼的，沒幾天便用完。還好，我曾投資股票兩萬元，那陣子股市還不錯，賺了兩千，取出來以後，剩下的一個沒注意就全部套牢了，這點錢撐了幾個月，那簡直就是一段沒有陽光的日子。更悲慘的是，接著我要開始每個月還房貸，我銀行裡還有兩萬元定存，但我不敢動，非逼不得已不能動啊！股票還認賠了結。之後我就開始投履歷，一開始不覺得，可很快發現根本沒人鳥我，這時心裡就開始慌了，於是更加瘋狂地投，那種恐慌簡直就是煉獄，我甚至覺得，我是不是找不到工作了……

裸辭的關鍵是要想好，辭掉之後要做什麼；這次辭職，究竟是為了什麼。很多時候，我們無法壓抑心中的不快和重負，慌忙之中辭職，逞了一時之快，卻讓自己陷入一段時間的恐慌，特別是在北上廣等一線城市，有收入都不一定能活得好，沒收入有多害怕就可想而知了。

裸辭苦主二：女，二十四歲，心理壓力太大

我辭職的時候，近乎壯烈。我爸以前跟我說，家裡不差我這點錢，加上我剛畢業，那時候還像小孩一樣，於是就覺得我有必要做嗎？這麼累，

這麼年輕就榨乾了自己，所以就辭職了。其實那時候我根本沒想好要去哪裡，也不知道要做什麼。每天就是傻傻地去逛街，去玩，去吃各種下午茶，然後拍照片在網上發。那時大家都很羨慕我，比如下午我在吃甜點，朋友們在寫PPT，那時我就覺得，我的日子終於和你們不一樣了。可時間久了，自己的積蓄花完了，就要用家裡的錢。剛開始覺得沒什麼，但這時我已經二十四歲，每次都要跟老爸要錢，覺得不好意思開口。有時看到電視上講啃老族什麼的，就下意識地覺得是說自己。從那時起，我開始覺得裸辭太荒唐了，可如果真的要去工作的話，要找什麼工作呢？是工作就會和以前一樣辛苦，那不就又回到以前了嗎？是不是所有的工作都這樣呢？還是我太幼稚了？我覺得我根本不懂自己為什麼會焦躁，會衝動，就辭職了，可辭職之後也沒有調整心態，覺得自己把問題放下了，其實只是逃避。之後我強迫自己重新考慮工作的時候，發現問題還在那裡，並沒有消失。而我，依然和以前一樣，迷茫，而且有點恐慌。

網上曾流行這樣一個公式：魄力＋財力＋才力＝快樂裸辭。大多數人認為不是誰都有能力裸辭的。雖然年輕人裸辭的念頭天天都在爆炸，但真

特立獨行的貓哲學

> 平時下班後培養一點小興趣、小愛好，慢慢地把愛好做到能賺錢的程度，錢不在多，重點在於有一份保障自己的收入，說不定還能引領你走上另一條人生之路。

正行動起來，還是步履維艱。裸辭，要存夠房租、生活費，以及可能產生的緊急預備金，有人說要存夠三個月薪水才能裸辭，有人說六個月，更有人說一年。由經濟引發的內心恐慌是考驗裸辭魄力的關鍵。更重要的是，有工作的時候談下一個工作通常很理直氣壯，但沒工作之後，是否還有足夠的信心和氣勢去談高薪？除了換一個公司，換一種生活方式，還有就是你要如何支撐往後一段沒有收入的生活？以及你是否有足夠的信心，去找一份比現在更讓人滿意的工作？魄力、財力、才力，三者結合在一起，才能讓裸辭有點底氣！

然而，裸辭就一定很可怕嗎？當然不是。用什麼辦法對抗裸辭的恐慌呢？難道一定要找到下一個工作才可以嗎？可是自己真的不想連續工作啊！說實話，這就需要平時下工夫，要嘛平時別大手筆花錢，要嘛平時下班後培養一點小興趣、小愛好，慢慢地把愛好做到能賺錢的程度，也是一個不錯的選擇。比如開淘寶店、平面設計、代購、寫作等，錢不在多，重點在於有一份保障自己的收入，說不定還能引領你走上另一條人生之路。

在工作的同時，要不斷地嘗試新的事物，發現自己的潛力，彌補自己的不足，甚至可以嘗試讓自己做一些和本職不同的事。當你厭倦了現狀，想要辭職的時候，也就恰好有條路，等著你走上去。這可能已經超出裸辭的概念，但我更想說的是，討論裸辭好不好其實沒什麼意義，最重要的是，要明白自己想要什麼樣的生活。

你做夢的時候，總有人在努力

我認識Judy的時候，她體重八十公斤，身高一五八公分，看起來是我的兩倍。在我們同事期間，我見過她不吃飯，見過她少吃飯，見過她只吃黃瓜，總而言之，沒見她瘦下來。我以為她一直就是說說而已，畢竟八十公斤，減肥可不僅僅是餓兩天、跑跑步就能解決的。一年後我聽說她瘦了下來，只剩下六十五公斤，我很驚訝，雖然六十五公斤相對於一五八公分的身高，依然不算瘦，但對於八十公斤來講，已經是很大的進步。我在網上看到她瘦下來後的照片，果然眉清目秀了很多。

又過了一段時間，她瘦到了四十九公斤，還出了一本書，送了我一本。果然，沒點刺激是辦不到的，刺激就是愛情。Judy愛上了一位小學同班同學，故事非常狗血，為了跟苗條的男生在一起，Judy開始了減肥的血戰。半年時間，每天中午別人吃飯，她繞著辦公大樓跑步，別人聚餐，她走路回家，別人開會，她站著聽講，別人吃大餐，她一眼不看想著心上人，就連舉家團圓看韓劇的夜晚，她都在自己家社區跑步，每天八圈。這股幹勁，要不是準備參加奧運，就是精神病發作。

這個故事的結果就是Judy瘦身成功，跟男神在一起，已經結婚，事業也隨著瘦身成功，走上飛黃騰達之路，現在自己創業做了CEO，跟男神生活、事業甜如蜜。每次別人問我怎麼減肥、怎麼瘦腿，怎麼瘦腰，自己沒時間、沒動力、沒力氣，怎麼減肥又快又好還不復胖？我便想起Judy，她的故事很長，長得我都懶得講；她的故事很辛苦，辛苦得只能讓人崇拜和驚嘆，沒人能模仿。所以今天講一次，大家共賞。

經常有人問我，如何堅持做一件事情，如何讓自己改頭換面，如何開啟人生的新篇章？說實話，我也不知道，我只能說，你要真想做一件事，就不會問這種問題，你問這種問題，其實是想問如何能躺著、睡著、吃零食、看韓劇，還能讓人生熠熠生輝，對吧？

之前我對健身比較狂熱，狂熱到恨不得每天早起都去健身房。可不管我每天早晨幾點去，都能看到更衣室一群女生剛洗完澡，換衣服、吹頭髮，我很驚訝，她們到底是幾點來的？

特立獨行的貓哲學

你要真想做一件事，就不會問這種問題，你問這種問題，其實是想問如何能躺著、睡著、吃零食、看韓劇，還能讓人生熠熠生輝。

本來週六健身房十點開門，有次我九點五十分到，還以為自己大週末早起上第一節課很神，怎知教練已經帶完兩節課，還在那裡喘氣呢，原來他們八點半就開始練了，十點只是官方開門時間……我非常感慨，你以為自己很努力、很拚命，可總有人比你更努力；你以為自己對自己夠殘酷、夠嚴厲，可總有人比你對自己下手更狠。想想世界上那些讓人頂禮膜拜的人，哪個不是在你睡大覺的時候在拚命？讀別人的傳記和名人名言，總忍不住暗暗發誓，明天一定是新的開始，可早起依舊那麼難，下了班依舊倒在沙發上不想起來。世界上，總有一些人天資聰穎或精力旺盛，你我的努力都還差得遠，還不足以跟人拚天資。

有次跟一個近兩年市場表現突飛猛進的手機廠商行銷負責人吃飯，他說：「外界都在模仿我們的行銷，可他們不知道，那是模仿不了的。我們有將近一千人做客服，光新媒體客服就幾十人，只要你在微博上吐槽一句，十五分鐘內立刻有客服回應直到你滿意，怎麼說呢？只要你在的地方，我們都在，光這一點，他們就不知道我們付出了多大的努力，熬過了多少個夜晚。」

所以，你做夢的時候，總有人在努力，這世界就是這麼殘酷。

特立獨行的貓哲學

你以為自己很努力、很拚命，可總有人比你更努力；你以為自己對自己夠殘酷、夠嚴厲，可總有人比你對自己下手更狠。

不要讓未來的你，討厭現在的自己

以前我相信要做人生計畫，至少也要有五年的計畫吧！

聽過一個故事，就是你五年後想成為什麼樣的人，那就往回數一八二五天（五年），看看每天自己要做哪些事情。當然，我嘗試過這樣去做，在那些計畫好的日子裡，我坐在電腦前寫東西，或者看一些不用動腦子的書，或者做一些很沒意義但有利益和目的性的事，或者為了建立某種人際關係假裝觥籌交錯……

在我達到某些目的之後，我發現自己表面上有很多人崇拜，很多人羨慕，但我卻錯過了很多東西，忘記了自己的夢想，失去了心底的溫暖。我不喜歡那段日子的自己，那個機械般的自己。後來，我再也沒有做什麼五年人生規劃、三年職業規劃這樣的東西，每每被問及，便說不知道，可總有人說：「妳是不想說吧，誰會把自己的宏偉規劃告訴別人？何況妳這麼聰明。」

其實我是真的沒有，因為我發現在那些沒有計畫的日子裡，我的生活總是會出現各種意料之外的事，比如「一直特立獨行的貓」這個部落格誕生；比如自己寫的臺灣遊記居然最先在臺灣出版，而且還要簽售；比如我第二次去臺灣居然是以「作家」的身分等。

我注意到書店裡有很多書，書名大致是「二十五歲之前一定要做的事」、「三十歲之前一定要去的地方」、「四十歲不可不知的人生哲學」等等。這些書用「年紀」和一些「強調句」來告訴你，如果你到××歲還不會×××，還不知道×××，還沒去過×××，那你的人生就白活了，就失敗了。

於是很多人趨之若鶩般地對照自己的生活，然後快馬加鞭地追趕標準答案，露出憔悴而不知所措的表情，深怕自己被丟下，互相追趕著想要分出個你死我活。在這樣的生活裡，每個人都會為自己的某個特定目標而過分努力，從而忽視了生活中其他東西的存在，而這樣的人也很容易在生活上有所缺失，讓自己越發成為無趣的自己。

曾有段時間發生了很多事，讓我的生活突然變得很忙碌，雖然每天依然睡覺九小時，但腦子明顯變緊張而快得精神病。那個時候，我遇見了一個臺灣廚師，他是我的讀者，但生活在大陸。他是一個快樂的廚子，一個從律師變成廚師的胖子，一個喜歡替自己做和餐廳一樣精緻菜餚的貪吃鬼。我們聊了很久，他差點說服我去南方跟他學做菜，後來變成我說服他來北京教我做法式大餐。我把這個消息分享給朋友們，得到很多殊途同歸的反應：

妳是要閃婚嗎？

學做飯和妳的工作有什麼關係？如果沒有，學這個有什麼用？

妳不趕緊努力賺錢買房買車，真打算在北京租房一輩子嗎？

廚師能讓妳變有錢嗎？妳不著急以後結婚要買房買車？還是好好工作存錢吧！

……

只有廚師每天特別耐心地跟我講雞蛋的熱融性和發泡性，或者哪裡能買到便宜又好用的鍋。

反過來想，我為什麼做事一定要有計畫、有目的？為什麼不能心血來潮？為什麼不能說走就走？為什麼一定要什麼年齡做什麼事？如果是這樣

特立獨行的貓哲學

每個人都會為自己的某個特定目標而過分努力，從而忽視了生活中其他東西的存在，而這樣的人也很容易在生活上有所缺失，讓自己越發成為無趣的自己。

的話，我們的心是做什麼用的呢？

我記得以前有計畫的時候，每天晚上回家對著計畫清單把一條條做過的事劃掉，對還沒做的事懊惱不已、捶胸頓足，帶著罪惡感去睡覺，早晨醒來頭昏腦脹，不想起床，害怕面對新一頁清單上機械性的工作。即使做完了的那些工作，我也不記得做過什麼，因為都是機械性地完成而已。

那些日子，我不記得自己的生命有留下怎樣的痕跡。

我發現自己改變，大概是在寫部落格之後，每天都會發生不同的事，遇見不同的人，聽到不同的聲音，我開始無法計畫和安排很多事，就像我當年即將展開的臺灣簽售會，我緊張，我著急，我還有很多事情沒有準備好，但我卻很享受這件事，出現在我的生命裡。它打亂了我的生活，但也給了我生活的漣漪，讓我的內心開始學會承載一些突如其來的事，而不再是按部就班、戰戰兢兢地過循規蹈矩的生活，一旦發生變化就害怕、擔心到不知所措。

我喜歡內心勇敢、強大，但還是善良與溫暖的自己。

這是我用大學畢業後的時間，重新發現和塑造的自己，可能為此我放棄了很多本來應該在計畫之中的事，但我開始喜歡這樣的自己。

特立獨行的貓哲學

為什麼做事一定要有計畫、有目的？為什麼不能心血來潮？為什麼不能說走就走？為什麼一定要什麼年齡做什麼事？如果是這樣的話，我們的心是做什麼用的呢？

微博紅人作業本有一段話：去他的人生忠告，去他的勵志名言，去他的致富聖經，去他的人生哲理，去他的處世之道，去他的職場寶典，去他的心靈雞湯，去他的超越未來，去他的智慧辭海，去他的生活藝術……你活著本該是獨一無二、簡單快樂，卻因為看這些騙人的鬼話，而變得無聊、庸俗、比較、無趣。

不要讓未來的你，討厭現在的自己。

我正在努力變成自己喜歡的那個自己。

特立獨行的貓哲學

我喜歡內心勇敢、強大，但還是善良與溫暖的自己。

把小事做好，才叫能力

由於工作的關係，我每天都要快遞成批的電子產品給全國各地的媒體，遇到大型活動，不管節假日或清晨半夜，都要出貨。我聽很多朋友跟我抱怨他們的快遞如何不負責任，偷懶不工作，打死都不願加班幫忙。因此我想說說我是怎麼讓快遞員每天樂呵呵地幫我遞送機器，不管什麼時間。

我把幫我遞送機器的幾個常見的快遞員手機號碼記到我的手機上，他們是我的朋友。每次來公司拿貨，我都會給他們倒水喝。東西太多了，我會幫他們推車開門。他們累的時候，我會鼓勵他們：「你看你看，這是體現你價值的時刻！」遇到天氣不好的時候，我會和媒體商量延後送，一來雨天送電子產品不安全，再一個不想讓他們到處跑，免得出危險（他們開的送貨車太破了）。送錯了東西我不會罵他們，會和媒體協調，重新幫媒體安排；快遞公司問起，我也會幫他們開脫。如果遇到需要加班，不管早晨還是晚上，我會幫他們買早餐或晚餐。

有天早晨，我需要七點半裝車去現場搭建，六點半睡得迷迷糊糊的時候，接到快遞員電話，嚇得我一躍而起，以為我的錶慢了一個小時。

「趙小姐，沒事，我是要跟妳說該起床了，七點半要到你們公司裝車，今天活動別遲到了。」

我大驚，快遞公司提醒我！以往都是我千叮嚀萬囑咐他們別遲到！我爬起來洗澡化妝，出門幫他們買了早餐，迷迷糊糊地到公司去。我到的時候，他們已經在公司門口等我了，我趕緊跑進去，只見他們迅速地裝車，下樓，準備開車。我將早餐塞給他們，坐上了他們的破車。我就這點好，平易近人，穿著上千元的套裝，坐上他們髒兮兮的車，和他們一起吃早餐，聊天……他們說車太髒了，怕弄髒了我百年才穿一次的套裝和小皮鞋。我說沒事，反正裙子是黑色的，我只穿一天，髒了也能立刻洗。叫快遞這個工作，只是填個單子，我從實習第一天做到今天，樂此不疲。剛入職場時，不要太想著委屈自己，把小事做到極致，是基礎，也是門面，更是信心。把一件簡單得不能再簡單的事情做到極致，做到卓越，是一種扎實的能力，扎實到你笑起來都有自信。

特立獨行的貓哲學

剛入職場時，不要太想著委屈自己，把小事做到極致，是基礎，也是門面，更是信心。

如果環境不動，我自己動

「如果環境不動，我自己動！」這是我大一時看到的一句話。

那個時候，我自覺高考失利，來到遙遠而冰冷的小城，校園裡塵土飛揚、大興土木，同學大多是帶著鄉音的本省學生。我身為為數不多的外省學生，高考成績比當地學生錄取平均分數高一百多分。在這樣的落差下，我和很多自以為厲害的同學一樣，覺得自己是那傳說中的折翼天使，沒掉進西湖，反掉進一個還在建設的土坑。

我原本不愛那個地方，敵視和抵觸的情緒讓我不斷曠課，覺得這個小地方容不下自己的天賦。我自始至終覺得自己是金子，只是被埋進了土坑。

我不能說我的大學是不動的，但做為一個普通的二本學校，我的學校動得較慢。經歷了重大變革和升級之後，一年招生六千人，年近五十歲的校長，帶領大家放眼望去，看著學校如火如荼的建設場景，野心勃勃。他在學期伊始，就飛赴哈佛、耶魯等世界名校，參觀學習，並在學校裡複製實踐，大膽創新，比如男女寢室同棟，男生一層，女生一層，混合搭配。這樣的住宿規劃雖在一年之後宣布失敗，重新分棟，但我很喜歡他的膽識與魄力，他讓我在這個小城市裡看到了一點點新鮮而勇敢的光亮。

那個時候，我和許多進入非志願學校的同學一樣，滿心都是瞧不起，鬱悶，不痛快，不喜歡，總之就是覺得自己是水仙，被放在了蔥田裡，等著自己有一天傲然綻放。於是，無盡的哀傷和不滿紛至沓來，校園的布告欄裡，每天都貼著關於我不上自習、不出早操、不交作業、曠課遲到的紅色大字報，我那豁達的內心，在那段時間練就得無比純情，要是大字報上沒有的我名字，就感到失落。

那段時間我每天都去圖書館看雜誌，端著一杯水，在暖洋洋的房間裡，一本接一本地翻。看到北京很多大學生可以去西門子、寶橋之類的公司實習，或者去國外交換學生什麼的，瞧瞧別人的世界，再看看自己所在的一個連省會都不是的小城市，天天凍得牙齒打顫，吃個飯還得帶瓶水倒菜裡以防鹹死，天上和地下啊。

我每天都在抱怨這個小城市，就是那麼地看不上，看不上，可看不上又能怎樣？

「如果環境不動，我自己動！」直到我看到這句話。對啊，我為什麼不自己動？我為什麼要等學校為我安排一切？既然我覺得自己天賦極佳，落在這裡委屈了自己，那為什麼不趕緊動起來，跑到自己應該在的地方？我不是覺得自己很厲害嗎？我不是覺得自己僅僅是高考失利嗎？既然這樣，那就動起來啊，跑到很前面的地方去啊！為什麼要在這裡嘰嘰歪歪？

這句話點醒了我，於是我主動去找外語系的外籍教師，每天早晨五點起床，跟他學英語；報考了明星大學的學生才有信心考的托福、GRE、GMAT、雅思等國際英語考試，逼自己聽壞了三臺錄音機，近百卷錄音帶；申請了可口可樂的實習生，從最基礎的一天三十元超市促銷員做起，還老被人欺負；申請到北大做交流學生，過了兩年沒有歸屬感且經常被歧視的日子……

經過了這些亂七八糟、到處狂奔的日子之後，我不知道我跑到了哪裡，甩開了誰，甩得有多遠，但我悟出一個道理：當我們陷入一些自己不喜歡或看不上的環境時，總是覺得自己比周圍的人都強。其實，每個人都在抱怨，每個人都在心裡覺得自己苦哈哈，覺得自己是折翼天使……於是一堆人天天在那裡哀怨，最後就是一群傻子，誰也看不上誰。

如果你想要跳出這個悲催群，唯一的辦法就是行動，無論你的環境如何，你都要行動！如果你的環境不動，請自己動！人生最鬱悶的事，不是你落入一個不動的環境，而是多年以後，環境都變了，你還沒動！

現在的日子，我依然過得很荒誕，總是把自己放入天外有天的第二個「天」中，於是一次次把自己變得悲催，但又不能抱怨，只能使勁地跑，也來不及看周圍的環境。我就是阿Q，生生不息地安慰自己，哦，不是環境不好，不是別人不對，是我自己沒有爭取，是我自己沒有動……這句話不是用來逼我跑，而是用來提醒自己：如果不滿意，請馬上走！立刻，馬上，走到你想要去的地方！

特立獨行的貓哲學

人生最鬱悶的事，不是你落入一個不動的環境，而是多年以後，環境都變了，你還沒動！

心若自由，靈魂就自由

我們有多久沒痛快地講話了？把很多悶騷、憤怒、哀怨、悲傷放在心底，任其默默融化，變成身體裡的一部分，跟隨著我們日復一日地生活？

我們有多久沒痛快地去玩了？腦子裡總是想著無盡的工作，趕時間似地往前跑，可有誰知道自己的前面到底是什麼？

我們有多久沒有安安靜靜地在清晨的窗邊，吃有水果有牛奶有麵包的清新早餐？有多少次將鑰匙、錢包、手機扔進皮包裡，餓著肚子衝向地鐵站？

我們的心被禁錮，被一種莫名的東西壓制。只要做的事與學習無關，與工作無關，與進步、奮鬥無關，那便是悔之莫及的浪費時間。

我們每天都在往前追趕著什麼，卻日復一日地平庸、囉唆、八卦，日復一日地不願接受現實的悲苦，在漆黑的夜裡，對著天花板追憶自己這二十多年的人生，然後發現自己一無所獲。

有一種叫自由的因數，已遠遠逃離了我們的靈魂，躲在一個小角落裡，看著我們抓狂、平靜、淡然、沉寂的人生。我們找不到自由在哪裡，於是心裡總渴望有一天能見到它，與其說期待自由，不如說期待「財務自由」的人生。

每個人都如此這般地庸俗，但這並沒有錯。沒有錢，夢想就是幻想；旅行永遠是窮遊；科技進步帶來的智慧之光，永遠只是電視裡的畫面；三坪大小的蝸居，永遠不需要你發揮創意的天賦。

於是，我們每天都在為錢奔波，卻發現，賺多少花多少，物價飛漲，擋住了我們對有餘生活的渴望，繼而叫罵，往前跑，害怕學校不如別人，害怕公司不如別人，倘若在差不多水準的公司，便開始無休止地對比雙方的福利、待遇與報帳額度。在互相比較的生活裡，我們每天的話題，基本上都圍繞著房子、車子、孩子，年輕一點的圍著報帳、福利、國外旅行。當然，這沒有錯。

之前花了五百元，從一個愛書之人手裡買了兩百本老舊的書，多為一九五〇年代出版的老書，紙頁泛黃，定價多為〇．八九元。兩百本不是個

特立獨行的貓哲學

> 我們的心被禁錮，被一種莫名的東西壓制。只要做的事與學習無關，與工作無關，與進步、奮鬥無關，那便是悔之莫及的浪費時間。

小數字，五百元不是個小數目，義無反顧地買下來，因為我想要探尋過去的那段時間。我替這批書做了個書架，將其安穩地擺放，小心翼翼地抽取。

小時候背誦了太多東西，這算是填鴨式教育留給我的最好禮物，讓我面對這些古老的氣息，尚能湧起一絲絲熟悉的感覺。翻開每本書，安靜地讀每一個字，彷彿回到了一九五〇年代。那是一個我不曾熟悉的年代，讓自己穿越到一個完全陌生的地方，體會那裡的人文情懷與時代感傷，是一件有趣的事。

我喜歡穿越，因為我愛讀歷史、地理、宇宙學，在那些煙波浩渺的時空裡，我渺小得如同一粒塵埃，在無盡的時間長河裡，小心翼翼地扶著牆壁往前走，帶著驚恐與好奇的目光。我時常把自己放在過去的幻影中，好像有些逃避現實的感覺。

我們很少回過頭去讀一些歷史文字，卻喜歡用今人的眼光去批判過去的歷史。其實，我們沒有資格去批判什麼。我們自以為擁有現代社會的高科技，卻忘記了歷史的演變。我們自得其樂地讀一些速食文學，假裝有文化般地高談闊論，自以為有人文情懷，面對歷史遺蹟，卻沒有面對美食、沙灘的耐心與驚嘆。我們把自己的心靈禁錮在匆忙比較、追趕的世界裡，關注的東西除了明星八卦就是娛樂風雲。

於是，我們的靈魂，也一直在這裡，去不到多遠的地方，只能在以自己為核心，半徑三百公尺的範圍內，嘰嘰歪歪，沒有主題。

那批舊書中，有本薄薄的小書，勾勒出晚清洋務運動時老百姓的生活。我喜歡細細地去看每一個字，那些傳神的描述，細膩地勾勒出大時代風雲下每一個微小的喜怒哀樂。我很慶幸買到了這兩百本泛黃又破舊的書，它們讓我得以在時間的長河中自由穿梭。雖然我穿梭得很努力，這麼多書一本本地讀完，是一項浩大的工程，但我期待自己能有些真正的文化與內涵，而不是空虛地講你我的生活還需要做出哪些改變。

心若自由，靈魂就自由。

特立獨行的貓哲學

有一種叫自由的因數，已遠遠逃離了我們的靈魂，躲在一個小角落裡，看著我們抓狂、平靜、淡然、沉寂的人生。

別對男人抱有不勞而獲的思想

我曾經為幾對男女朋友牽線，可越到後期，男方給我的回饋越不好，我知道問題出在哪裡，但很多話沒辦法跟女生明說。偶然間看到一句話：「妳不能要求男人養著妳，還要尊重妳。」

這讓我想起了很多事。

之前所在公司的亞太區CEO是美國人，娶了中國老婆，我們都在猜想，那是一位怎樣的女子？漂亮？可愛？還是符合美國人審美觀的「別出心裁」？一打聽，原來他老婆是某個跨國公司的副總裁。後來，我們見到了那位傳說中的老婆，不是刻板印象中的豐乳肥臀、花容月貌的女子，而是一個有氣質、有個性的人。

我當時負責的新專案的合作單位，是一家知名的跨國公司。接洽的總監是一位說話溫柔、膚白貌美、妝容得體、身材姣好的女子，年紀大約三十歲。每次和她下屬溝通不清的事，女總監溫柔出馬，立刻解決，在場的男男女女無不服氣。更重要的是，不管在任何緊急、突然、憤怒、崩潰的情況下，女總監講話總是柔柔的，不疾不徐，力度得當，用詞精準，讓我不得不仰慕她，並期待自己也能成為那樣的女子。後來聽說，她的先生是業內知名公司的高級主管，年輕有為，頗負盛名。

年輕女孩總是會羨慕別的女人，能嫁給成功人士，於是期待自己也能有這樣的機遇，並渴望婚後的生活能像富太太一樣，逛街打牌美容健身，家事交給保母，什麼都不做。父母聚在一起，從來不比較誰家女兒更有個性，更有修養，卻喜歡比較誰家的女婿更加富足神氣，誰家的女兒嫁人後不用操心家事，不用辛苦賺錢。到二十五歲之後，每次家庭聚會，就只聽到長輩說：「趕緊嫁人，晚了就嫁不出去了！好男人都找年輕女孩，沒娶的都是遊手好閒的。錢是賺不完的，老公等不起啊。」

曾認識一名前輩，也是北京某行業裡響噹噹的人物。我記得很多次談起女朋友，他都一口咬定：「我只要求我老婆給我生個孩子，我可以供得起她們吃喝，我一定會是好爸爸，但不一定是好丈夫。對孩子的愛，我一定給，對太太就不一定了。」那時我們私下都覺得他是個「有錢就使壞」

的男人，覺得他是個精神病，但越長大似乎越能理解他的想法，大概是因為周圍太多想不勞而獲的女孩撲上來的緣故吧。雖然尊重是人與人之間必需的，即便夫妻也該如此，但道理和現實不一樣。我們可以看不起這樣的男人，可以不嫁，可以唾棄，但總有漂亮女孩前仆後繼地撲上來。成功人士、「社會精英」的帽子，不是所有人都能驕傲到不理不睬。有時候連父母都不一定能百分之百尊重我們從小到大的想法，何況是一個毫無血緣、只憑「愛」和妳在一起的人呢？

女孩和父母總是想，這是一個男人的世界，女孩子安心賺點零用錢就好，外面的事，交給男人去擺平。可不幸的是，今天的男人不像五年級生、六年級生那樣堅硬如鋼，他們大多是在一九八○、九○年代成長，從小被父母寵著愛著，當王子養大，妳不行的事，他也不一定行，甚至妳搞得定的，他都未必能搞定，妳缺乏安全感，他也一樣不成熟，彼此半斤八兩，妳希望他成熟、優雅、體貼、包容，指望一個男人為妳賺幾百萬，買房買車養孩子，還要對妳百依百順，寵妳愛妳一百年不變，妳殺了他吧。那些用年輕貌美和青春肉體嫁入豪門的故事，越來越多被媒體傳頌。如何能不勞而獲？用婚姻賺得房子、錢財的融資形式，社會上比比皆是。

特立獨行的貓哲學

妳希望他成熟、優雅、體貼、包容，為妳賺幾百萬，買房買車養孩子，還要對妳百依百順，寵妳愛妳一百年不變，妳殺了他吧。

電影、電視劇看多了，總有這樣的錯覺：男人一定要成熟、大氣、寬容、大方，倘若有一點斤斤計較，不考慮；遇事慌張，不考慮；衣著太土，不考慮；不夠謙讓，不考慮；賺錢太少或家裡資本不夠，更不考慮。最後當了剩女，還哀嘆好男人都死光了。曾認識一個著名的兩性愛情作家，在書中指導千萬迷茫的女人，可在飯桌上跟我談的，卻是她遇到的男人不太可靠，該怎麼辦？教程和指南寫起來都很完美，但生活裡的男人，都是活生生的人，不是神。

反過來說，現在很多男孩也太過柔弱，甚至期待得到女方家的支持和庇蔭，讓自己少奮鬥幾年。當然也見過幾個男人多金又體貼，但前提都是，剛結婚時男人遊手好閒不可靠，女人向自己父母要錢，一步步支持老公，直到步入正軌。

不要說「我的朋友也很支持她老公，最後她老公出軌了」，也不要說「×××嫁了個富二代，專心做全職太太，還備受寵愛」……每個家庭都有自己的幸與不幸，拉上窗簾、關起門，外人怎能知道其中的祕密？況且有誰願意將不幸說給別人聽呢？

上帝是公平的，家庭和事業總要付出一個，才能得到另一方更加長久且真誠的尊重與支持。不一定都要在職場衝向金字塔頂端，全職媽媽的付出也一樣值得讚揚。最關鍵的是，每個人都應該努力為自己的家庭和生活付出，哪怕微弱，哪怕簡單，都好過不勞而獲。兩個人在思想和努力上相得益彰，這才是長久、穩定的根源。自尊自愛自信自強，以及安全感與成就感，只能自己給自己。只有這樣，妳才能過上安心、有尊嚴的自由生活。

特立獨行的貓哲學

每個人都應該努力為自己的家庭和生活付出，哪怕微弱，哪怕簡單，都好過不勞而獲。

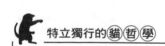

每一次分開，可能都再也不相見

我有一個朋友，每次坐飛機，都把航班、起飛降落時間，家裡還有多少錢，誰欠自己的錢，自己欠誰的錢，寫得清清楚楚，貼在冰箱門上。他說怕出事了有人找他太太麻煩，死無對證。我笑他有病，一度還自己琢磨這件事做起來有多難，天天算啊算的……可現在我有點笑不出來。

馬航失事的事讓我一直很難過，我也不知道為什麼。那裡面沒有我的家屬，我也沒遭遇什麼危險，但就是很難過，可能是因為上面有太多中國人，可能是因為自己和家人也經常坐飛機，但想來想去，好像是因為勾起了我心裡的恐懼。

十年前，我高三，住校，每週末回家一次。某個週日臨時要回學校，我在家門口背著書包穿鞋，回頭跟我爸說：「下週回來我要在家吃火鍋，買個鍋，在家吃！」我爸說：「沒問題。」一週後回來，我媽說我爸出去工作了，週末不在家。可奇怪的是，我媽老是急急忙忙、進進出出，中午那常來我家白吃的鄰居，還送來了排骨給我。我覺得不對勁，但又看不出也問不出什麼。緊接著一個星期，我越發覺得不對，打匿名電話到我媽辦公室，也沒套出話來，期間偷偷跑回家，家裡也毫無異樣。一直到舅舅某天上課時來學校，對我說：「妳爸出了點事，在醫院裡，帶妳去看一下。」我心想，會是什麼事？車禍？生病？最糟會不會癱瘓？那時我還平靜地想，就算癱瘓，我也會養我爸一輩子，所以我不害怕。快到醫院時，舅舅的司機突然轉頭在我手上放了一把小橘子，我心想，糟了，肯定是死了，連從未謀面的陌生人都對我這麼好。

果不其然，醫院的長廊上，站滿了我認識的大人，他們都在等我，等高三的女兒來見最後一面。據說我家人還問醫生：「孩子上高三，要讓孩子來嗎？」醫生說：「來吧。」於是，他們就把我叫來了。

我沒哭，我猜是因為我已預料到爸爸死了，心裡沒有完全崩潰。兩個星期，從吃火鍋到看遺體，與其說我堅強勇敢，還不如說那一瞬間，我心裡被挖了一個洞。這個洞，是永久性的損傷，讓我變得暴躁、易怒、抑鬱、悲觀，有時候甚至想自殘或自殺；也是這個洞，讓我的性格瞬間發生巨變，從乖乖女，變得充滿暴力和不屑。

肇事司機很窮，撞了人也只能賠很少的錢。當時我甚至想殺了他。可現在，我不知道他過得好不好，就算他們全家都活得好好的，心裡會不會因擔負了命債而悲傷？這一輩子，他還會活得無憂無慮嗎？我被這場車禍改變了未來的生活和命運，包括愛情和性格。

我現在特別珍惜性命，有點小病就往醫院跑，感冒都要做超音波，身體不適就懷疑自己有大病，每年體檢都膽顫心驚、疑神疑鬼，霧霾一來我買了兩千多個挺貴的進口口罩……我覺得自己被嚇壞了。

之後，我慢慢長大，養成每天打電話和我媽確認平安的習慣。有了愛人，有了自己的家，我開始理解為什麼小時候沒有準時到家，父母便急得對我吼；為什麼自己去臺灣，我媽擔心得十一天沒睡好覺；為什麼手機一沒電，老公就焦急得坐立不安。因為愛，因為愛而憂心，也因為愛而脆弱。人世間有曠世奇緣、海枯石爛，卻也有揮揮手再見就再也沒能相見。這不是什麼心靈雞湯，也不是有感而發，只是心裡再一次印證和衝擊。

那些飛機上的人，他們的家庭，甚至幾代人的生活，將因這一次災難而遭受怎樣的煎熬與改變？每一個人上飛機放行李箱、找座位時，是否會想到，迎接自己的將是怎樣的旅程？

沒發生的事，永遠都是無常的。你不能設定，只能計畫。好好愛身邊的人，別再對嘮叨說不停的父母喊停，別再跟身邊愛你的人因小事而吵架。人世間每一次相遇都是久別重逢，而每一次分開，可能都再也不相見。

特立獨行的貓哲學

因為愛而憂心，也因為愛而脆弱。人世間有曠世奇緣、海枯石爛，卻也有揮揮手再見就再也沒能相見。

終結抱怨的方法，轉移注意力

「姐姐，妳所在的公司有鉤心鬥角、人事鬥爭嗎？我所在的公司，最可怕的是實習生之間也鉤心鬥角，為了幾個能轉正職的名額，大家明爭暗鬥，讓我覺得很不舒服。我從來沒有想過，辦公室政治會開始得這麼早。我彷彿從一個純淨的環境，迅速進入另一個道貌岸然、笑裡藏刀的世界，震驚的同時，也為自己的幼稚感到著急，我該怎麼辦？換一個公司？還是也要變成道貌岸然的樣子？我很難過。」有位網友發郵件給我，向我訴說她的苦悶。

說實話，我實習的時候也有明爭暗鬥。幾乎每一個實習生來或者走，都會牽動許多人的心，而正式員工之間的那些事，不管誰對誰錯，實習生們都會猜測一番。可該走的一定會走，該留下的一定會留下，很多鬥爭都並非我們這個量級的人能決定和改變的。

我每天都收到網友類似的來信，其中百分之二十都在抱怨自己的職場，每個人都無比信任地把自己在職場中遇到的每個小糾結告訴我：誰歧視了自己，誰罵了自己，誰瞪了自己一眼，誰鉤心鬥角給自己穿了「小鞋」，誰不讓自己升職，誰不是東西，然後問我該怎麼辦，該怎麼繼續生活下去。

怎麼說呢，我也有過每天小心翼翼、如履薄冰般在職場顫顫巍巍生活的日子；也有過老闆一個臉色不對，我就要擔憂一整天的日子；也有過因為說錯一句話，自己糾結一整天、夜不能眠的日子……但是，當有一天，我開始做公益，開始寫專欄，開始各種亂七八糟的事情，我發現自己沒有時間和精力再來擔心這些。我展開新的豐富多彩的生活，承擔更多除了工作之外的社會責任。我想，停止對一件事情抱怨的最好方法，就是轉移注意力。當內心被很多沒有聯繫的事情相互牽扯，注意力便會自然地從煩心的事中轉出來，而這也可以促使自己走向更加豐富的生活。

我知道我的職場一定也存在著如此這般的事，我不想參與，也無力研究，但我很用心地度過在公司工作的每一分鐘，希望從我手裡出來的每一件作品，都是藝術品，哪怕只是一個 PPT，一份 Excel 表格。我用一種「逃避」的方法，解決自己可能遇到的各種矛盾。我「逃避」到別處，卻在「別處」找到了更多樣化的生活，從而改變自己，改變了自己的整個世界。

特立獨行的貓哲學

停止對一件事情抱怨的最好方法，就是轉移注意力。

究竟擁有多少證照才算足夠？

打開郵箱，裡面躺著一封網友的來信：「星姐好：我是學人力資源管理的，請問是不是考一個人力資源管理師證照，對將來就業比較有利？這個證照有多大的功效呢？」

老實說，我不了解那個證照，也不清楚這個證照的含金量有多大。這封郵件，讓我想起曾在網路上很紅的一個人：三十二歲的「學歷姐」。一個十六年拿到七張高校文憑、八個學位，還想讀博士的讀書狂。學歷姐說她喜歡學校，覺得還是學校好，於是一直苦讀，成為學歷一姐；學歷姐說她並不算脫離社會，因為她還能靠房租賺錢，維持生活，她認為自己是兩手抓、兩手都很棒的典範。每個人都有自己的生活方式，對於學歷姐，我不想說太多。我覺得證照是為了達成你的夢想和目標，而不是反過來，把考下一個證照當成你的夢想或目標。

還記得我剛上大學時，曾在校園裡看到某個教學大樓門口，貼著很多招生簡章，其中百分之九十是考證照的。BEC、GRE、心理學證照、電腦證照、物業管理證照……看得我眼花撩亂。那個時候的我，很有雄心壯志，決定要把所有能想到的證照都考下來。結果只考了兩個關於英語的證照，就已筋疲力盡，開銷也無法負荷，吃土很長一段時間。

後來的日子，我一直在思考這個問題。其實證照這種東西，有比沒有好，但絕不是越多越好。在所有的證照裡，我覺得英語證照是最可靠、最有保障的。因為它沒有答案和範本可循，即使有新東方的技巧課，也必須先背下大量單字，且非常了解考試內容，才能考得到。而這個過程中，你必定會有些許的進步與成長。至於其他職業方面的證照，該如何選擇呢？

眾所周知的註冊會計師、律師、醫師等行業，都是需要持證執業的。如果你致力於從事這些行業，你就一定要排除萬難去考這些證照。那些在職場上並不具實用性的證照，則可以不考。時常有大學生問我，做公關是否需要考公關資格證。這問題讓我這個公關從業人員很詫異，因為我從沒聽說過，我的同事裡有誰是因為考了這個證照才進入公司的。因此，我想說的是，你一定要清楚掌握哪種證照，是你執業的必需品。

平日不妨多接觸一些你所學專業的從業人員，詢問業界在招聘時都看重哪些證照。找一個專業從業人員徵求意見，對於大學生來說或許有難度，但如果留意查看，你還是能在網路上找到很多非常專業的行業網站，可以查詢你想知道或了解的訊息。

在英語證照裡，最好能考取四六級，再附加一個國際級證書，比如GRE或托福等。因為很多大型外商的徵人條件中，都包含英文水準，即便沒有很高的托福或雅思成績，至少也要擴充一下自己的詞彙量。

有一點需要注意的是，考證照只是檢驗自己學習成果的一種方式，透過這種方式真正學到東西才是最重要的。我見過很多同學，本來是學中文的，非要去考司法考試，學地理的非要去考註冊會計師，簡直就是自己折磨自己！千萬不要認為，考到證照從此你就走上了職場的康莊大道，拿到證照僅僅只是開始，在往後的職場生涯中，發現自己腦袋裡空空如也，才是最大的悲劇。考證照的時候只是臨時死記硬背，而不是長期的日積月累。與其四處撒網，不如在有限的道路上，扎扎實實、一步步地往前走。

特立獨行的貓哲學

千萬不要認為，考到證照從此你就走上了職場的康莊大道，拿到證照僅僅只是開始。

扔掉「偽精英」的身分

因忙著第二天和國內某個著名導演會談，週六加班到半夜調試機器，週一還加班準備合同和手續，走出這座北京最器宇軒昂的辦公大樓時，已是晚上九點左右。隨手在報亭買了一本雜誌，走了很遠，到一個公車站等公車，車很久沒來，我便借著站牌廣告的LED燈光看雜誌，忽然看到了「偽精英」這個詞，不禁啞然失笑，這很像我自己嘛。

回頭仰視一下這座李嘉誠的產業，大學時曾幾度路過這裡，都沒有進去過，因為看到那麼多閃爍的燈光，便覺得這商場裡的東西一定很貴很貴。想不到大學畢業後，我天天來這個超級商場樓上的辦公區上班，每天都在這裡吃飯、買東西。想想當時的自己，再想想今天的學弟學妹，一定有很多人也都盯著這幾座辦公大樓吧。

這裡有許多全球知名的公司，以及我們耳熟能詳卻永遠不知道其實就在隔壁的企業，這裡是許多商戰電視劇的外景場地，甚至常常在這裡遇見明星大腕。記得剛開始來這裡做實習生，拿很少的薪水卻要負擔每頓二十五元人民幣左右的中餐，或者到附近超市去買一些超出正常價錢的東西，總之那段日子對我來說，捉襟見肘的感覺是那麼強烈。

之後，我在這座辦公大樓裡轉正職、升職，慢慢失去了對樓下那些吉野家、味千拉麵……的興趣。我很懷念在家裡吃家人做的飯的小日子，一盞特別小的燈，照在茶几上，我坐在小凳子上拿著饅頭，邊吃邊看電視。溫暖愜意地吃完之後，還可以好好睡個安穩的覺。

我知道，這段話寫得很矯情，誰看了都想滅掉我，可這是我最真實的感覺，因為我是個偽精英，我毫不掩飾地承認這一點。

俗話說「由儉入奢易，由奢入儉難」，我之前在四川做地震救災志工時，發現自己是個偽精英。當時我確實是想幫助他人才去四川震區的。去的時候，我帶了自己的衣服，還有各種防護品，但從我離開成都走進真正的震區開始，我的背包就沒打開過。每天我穿著在路邊買來的五元大T恤，從頭到尾穿一條褲子跑來跑去，頭髮也不每天洗，吃了很多很多天的菜包和清粥，最後沒錢買機票，借別人的信用卡刷了一張機票，才得以回

特立獨行的貓哲學

無論工作多麼光芒耀眼，無論如何受人擁戴，一顆心要永遠踏實，不能漂浮。

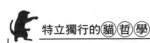

家。在回來的飛機上，全是各地支援四川重建的農民工，都穿著紅色的志工衣服。他們皮膚黝黑，上了飛機就睡覺，想必是在工地累壞了。這時我覺得，跟他們相比，我好像是來災區幾日遊的。

回來以後，我決定放棄裝得很累的「偽精英」身分，做一個真實得無以復加的群眾，我買了新的公車卡，乘公車上下班，除了加班到很晚之外，都會盡量坐公車移動；我開始嘗試自己做菜，而不是總去速食店和餐廳吃飯。逐漸地，我變得柔軟起來，變成了一個可親的人，可以胡說八道、閒扯耍賤，也可以說流利英文加和諧微笑，我發現自己能更好地融入到不同的人群中，大家不會覺得我是從水泥叢林裡出來的，便心生羨慕嫉妒恨。我公司的很多供應商，開始覺得我不再像小白領。事實上，我就是個小商販罷了。我特別喜歡溫州商人的姿態，能屈能伸，能享受富貴，能忍受磨難。在飛機上，我曾遇到溫州大老闆，他們在我這個小輩面前，表現出極度的謙虛，不斷請教我公關知識。可惜我資歷太淺，說兩句就說不下去了。

我是經受過磨難的人，因此更會記得曾經觸碰生命谷底的絕望。每當我眼前出現各種誘惑，總會下意識地想起那些曾令我悲痛的事。我總是覺得浮華乃身外之物，比如豪華的餐廳、很貴的衣服……總讓我心裡覺得不踏實，我很難說清楚是為什麼。有個朋友，曾和我一起入住五星級豪華套房，他說：「我就是普通人家長大的孩子，就是受不了這些好，遇見五星級飯店禮貌客氣的服務生，我就渾身難受。」我內心也有類似的感覺，只是我表達不出來。我不是高尚的人，做不了太偉大的事，只能幫有限的人一些小忙，企圖培養一些人品，好讓我坦蕩地生活，有一點還算看得見的光芒。

無論工作多麼光芒耀眼，無論如何受人擁戴，一顆心要永遠踏實，不能漂浮。精英、白領，都不是我喜歡的身分，我由衷期望自己成為一個能屈能伸的人，能享受富貴，能抵擋磨難，哪怕你覺得我像一個小商販。如果有一天，我的工作無法再給予我外在的光環，我希望自己能保持平和、淡然、善良、樸素以及美好與堅強。那些正走在偽精英路上或即將上路的朋友，請你們繼續走下去，只有看盡了霓虹閃爍，才能體會到漆黑小路上一盞燈的溫暖。而這個時候，你才會停下來，認真地回頭望，望見自己出發的理由，跑回自己夢想開始的地方。

第四章

追隨內心，實現想要的人生

明天過得好不好，取決於你今天怎麼過。為了將來不後悔，追隨內心是你唯一的法寶。只有追隨內心，做自己想做並喜歡的事，你才會開心快樂，實現想要的人生。

生命的不同階段，有不同的任務

這年初冬的一個早晨，凌晨四點，她被仲介公司的電話叫醒，要和他們一起去房產稅務局繳稅。抵達的時候，大廳門口已經排滿了等早上八點開門繳稅的人，隊伍長得看不到頭。這些人要搶一天僅有的三百個限額，辦理過戶手續。她被仲介安排在一百多號，前後是擠來擠去的憤怒人群，周邊是維持秩序的保全，稅務局的大門緊閉。看著那些深夜就來排隊排了一整晚的人，看著他們凍紅的臉頰，聽著他們憤怒的嘶吼，她突然害怕起來。彷彿以前過的日子，都像清湯掛麵一樣簡單，一人飽全家飽，可突然間場景變換，真正的日子，就像這擁擠的隊伍和憤怒的人群，相互爭搶，自相殘殺，恨不得把誰擠出去才能保護自己。

這一年對她來講，是跌宕起伏的一年，表面上看似乎一切如初，可內心卻蘊藏著層巒疊嶂般的呼嘯。這一年她糾結、難過、較勁……不否認生

特立獨行的貓哲學

生命的不同階段，有不同的任務；在不同的階段，需要面對不同的經歷。

活得很艱辛，也一直相信，生活最難過的不是身體上的痠痛，而是認知上的委屈與扭曲。曾有一段時間，她很消極，認為什麼都會引來非常壞的結果，她小心翼翼地生活著，不知道究竟從什麼時候開始，周圍的人和事都變得那麼難以捉摸和無法控制。她不再相信自己，即便她依然很棒，卻變得越來越自卑，覺得做了什麼漂亮事都不值得驕傲。

當然，這一年發生了很多很多事，都不太順利，都很辛苦，有時候累到半夜睡不好，無緣無故地發脾氣。她不屑什麼明爭暗鬥，即便這樣，也免不了被別人笑裡藏刀。她不是不知道，只是覺得世界那麼大，何必呢，累不累？

這年九月，她的他，在坐機場接駁車時丟了手機，知道這件事時，她恰好在機場接駁車第二站停靠的地方。那一刻，她突然興奮起來，彷彿看見小時候的自己。當車靠站時，司機說已經接到通知、找遍了全車，不在車上。她一個箭步衝上去，攔住所有要下車的人。她速度太快，驚擾了大家。她知道在她轉身跟別人說話的時候，有個人把手機悄悄放回了男友丟失的座位上，她再回頭時，手機就躺在她眼前。她跑下車，在秋日有點冷的夜晚，不停地奔跑。她不是因為找到手機去邀功，而是看到自己丟失的靈氣，就在剛才，在她急中生智，在她一個箭步衝上去的時候，所有的勇氣與堅持，在面對一整車人光怪陸離的眼神時，她看見了自己曾經的靈氣。

他的出現，並不在這一年的前半場，而在這一年後半場的後半場。他是一個溫暖的男人，有她仰慕的學識與風雅，有她需要的安全感與陽光，有她想要的可愛與不凡，儘管這一切只有她一個人看到。她終於明白一個道理：生命的不同階段，有不同的任務；在不同的階段，需要面對不同的經歷。

她越發明白自己想要什麼，在這一年的最後一個月裡，終於明白「自我認同」究竟是什麼意思。相比過去的性格，她更喜歡內斂、安靜、執著的力量。她開始明白自己的執拗與較勁，導致了自己的迷失，她用了很大的力氣想與自己和解，卻走上錯誤的路。幸好有人撿起她，在她有些眼淚和傷痛的路上。

天外有天，視野廣闊，不同的生命階段，會有不同的經歷，她帶著稀鬆的睫毛，昏睡在午夜有點安靜的地板上。

用一生的行動開拓一個夢想

小嚴是盲人按摩師，我每週都去他那裡，讓他幫我勞損的肩頸做治療。有次去按摩，按摩室裡沒別人，我倆閒聊起來。我問他：「你會按摩，你家人應該很幸福啊。」

「我已經二十一年沒見過我媽媽了。」聽到他這樣說，我一時語塞，不知道該接什麼。

「我出生時母親就離家出走了，因為我是個盲人，父親是個聾啞人，奶奶血壓高，我很想有個家啊，可是沒有。」

「那你是怎麼學會按摩的？」我問。

「我上完小學，便跟著中藥房學中醫，可做按摩才是盲人的好出路。我不會，更沒經驗，因此我轉行，到盲人學校學了三年的物理治療按摩。我之所以選擇物理治療按摩，是因為這個很難，需要三年才能摸清身體的每一根筋絡，而保健按摩兩個月就能學會。我選擇這個比較難的，用三年時間學會。之後我開始走南闖北，去過很多城市。」

說實在的，我不知道一個盲人怎麼走南闖北，也沒敢問，怕不禮貌。

「那你能在北京立足，也很不容易啊。」我沒話找話說。

「一個小小的北京，怎麼難得倒我？我去過很多城市，我看不到城市的樣子，只知道我需要賺錢養家，爸爸和奶奶都在家等我寄錢回去。我很少笑，因為小時候很孤僻，沒人跟我講話，慢慢地，我就不會笑了。我這二十一年只笑過七次，很少有人能讓我笑。我不覺得自己很苦，我一直相信，上天關了我眼睛這扇窗，就一定會為我打開另一扇門，現在我知道，這扇門就是按摩。」

我真的不知道該說什麼，這些話從一個看似可憐的盲人口中說出來，我只能默默地聽，什麼話都說不出來。我在想，一個盲人都能為自己那扇門潛心學習，刻苦地磨練自己，我們為什麼還總是哭哭啼啼，哀嘆自己境遇不幸？

我收到很多網友來信，告訴我他們不喜歡現在的工作，感覺做起來很壓抑，但喜歡的工作又沒經驗，所以不知道該怎麼辦。

沒人能在剛開始的時候，就做自己喜歡的工作，我們都是在摸索中找尋自己的方向。遇到自己不會但有興趣的，就要去學習。三年五年又算得了什麼，一個盲人尚且可以用三年時間來追求一個小小的夢想，我們又為什麼不能呢？

大四那年，我們被一些字眼蠱惑：諮詢、投資銀行、金融、公關……我們看到的是那些光輝的字眼，因為神人都雲集在那裡。我們看到神人每天飛來飛去，過著精緻優雅的生活，擁有我們豔羨的一切，但我們卻不理會他們背後的故事，他們是否快樂，這是不是他們的夢想，這一路走得艱不艱難。我們只想攀登峰頂，過那樣的生活，渴望有比別人好的跑車、比別人大的房子、比別人奢侈的生活……但漸漸地，發現事與願違。我們太累了，沒有生活只有工作，害怕自己衰老，懷疑這條路是不是對的。當然，此時的我們，也已看清了那些精緻優雅生活背後的苦楚。

我們開始尋找自己的內心，那些美麗至極的家居樣品屋設計圖在網上被無數次瘋狂分享；那些溫馨感人的影片被你我傳唱；偶爾寫一篇無病呻吟的閒扯文章，在網路上被同樣腦殘的人頂禮膜拜；彈彈吉他，蹦出幾個音節，扯著嗓子吼出內心的壓抑……

特立獨行的貓哲學

沒人能在剛開始的時候，就做自己喜歡的工作，我們都是在摸索中找尋自己的方向。

於是，我們開始覺得自己喜歡設計；擅長音樂；能拍電影；有文學底蘊……我們開始對新事物望眼欲穿，更加覺得自己不適合目前的工作，若是在自己嚮往的領域，一定會飛黃騰達，一躍就是世界第一。

可是，做設計要有美術基礎，要至少潛心學習數年，還要有靈活的創意；在音樂方面，倘若你沒有曾軼可[10]那顆勇敢的心，你頂多寫出〈白羊座〉，而且唱得比她還差；文學上你不每天寫一篇有品質的文章來練筆，無病呻吟的小白文，頂多只能上青春雜誌，轉手扔掉都覺得費力。對此，我們害怕起來，因為心裡並沒有做好這些準備。我們再一次看到的，依然是那頂峰的富饒，而不是背後的苦苦追尋，我們沒有準備好用一生來追尋自己的夢想，所以陷入迷茫。愛好和夢想，我們分辨不清。

小嚴的夢想就是做按摩師，所以他用了三年時間，踏實低調地學習，用了許多年走南闖北地實踐，於是他今天能在北京立足，在一個環境不錯的好社區裡做按摩，他靠著堅韌的毅力、不懈的努力，終於實現了夢想。

蔡依林曾練舞練到哭，練到暈倒，才能有後來在舞臺上的光彩奪目；

10 中國創作女歌手。

特立獨行的貓哲學

我們沒有準備好用一生來追尋自己的夢想，所以陷入迷茫。愛好和夢想，我們分辨不清。

郭晶晶[11]從很小的時候就開始天天跳水，每天跳數百次，一跳就是十幾年，後來才有了打破伏明霞[12]跳水女皇神話的輝煌；比爾．蓋茲研究了一輩子的電腦和程式，才終於成就了Windows的全球霸主地位……

無論是目前的工作，抑或是設計、音樂、文學、電影，倘若這是你的夢想，就請你鋪開一張畫紙，削好一根鉛筆；翻開簡單的樂譜，認識每一個音符；倘若這是你的夢想，就請你沉下心來，勇往直前，努力不懈地堅持；倘若這是你的夢想，就請用一生的長度，去丈量這個夢想；倘若這是你的夢想，就應該堅信只有堅持十年、二十年、一輩子，才會獲得最終的勝利。只有開始行動，夢想才不會永遠高掛天空，遙不可及。

按摩結束以後，我對小嚴說：「謝謝你，你真的很棒，比我強很多，你今天讓我懂了很多很多東西。」

「這是第一次有人這麼誠摯地誇我。」他突然羞澀地笑了起來。我愣了一下，心想這是他人生第八次微笑吧。

11 中國知名跳水運動選手，曾獲四面奧運金牌。
12 同為中國知名跳水運動選手。

特立獨行的貓哲學

只有開始行動，夢想才不會永遠高掛天空，遙不可及。

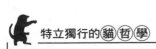

慢慢來，比較快

生日的時候，朋友送了瓶精油，每晚在家點著小小的香氛燈看書寫字。那種感覺，讓我想起了在清邁旅行時每天慢悠悠的時光。

那是我生活裡少有的幽靜時光，每晚我都和友人一起，徒步走到一家特別的SPA店，這家店是由清邁女子監獄典獄長創辦的，初衷是因為很多在女子監獄服刑的女子，釋放後很難被社會認可，於是典獄長讓所有的女犯人接受一百八十小時的按摩培訓，出獄以後直接在典獄長開的SPA店就業。

對我來說，寧靜而昏暗的燈光，柔美而舒緩的音樂，在撲鼻的精油香氣中緩緩睡去，醒來沖個澡，穿著涼鞋和小裙子，頭髮上還滴著水，悠閒地走回飯店裡，我一直眷戀著這種身心自由且慢悠悠的感覺，特別當我回到北京嘈雜的環境以後。

回顧自大學畢業開始工作到現在，一切都匆匆忙忙，好像每天都在趕時間。畢業時想要學的有很多，語言、跆拳道、馬術、畫畫等，每天看到別人什麼都會、什麼都好，自己也急急忙忙地想要去學，可結果幾乎都不樂觀，甚至剛剛開始就夭折，連半途而廢都算不上。比如「三個月搞定英語口語」、「半年學會彈鋼琴」、「一年減肥七公斤」之類的，通通變成了「折翼天使」，飛到看不見的地方。

在物欲橫流的社會裡，越來越少的人願意慢慢堅持著去做些什麼，大家變得急功近利，不斷地給自己的人生設定底線，讓自己像個機器人一樣生活。可學習和進步這種事，從來都是要靠頭腦和心靈一點一滴去體會的，只有這樣，新鮮事物才能浸潤到你的生命裡，而不是靠一個按鈕來決定開始或停止。心裡帶著倒數計時的壓力生活，卻不知從何下手，看到世界萬千變化，便對未來感到恐慌。

有位朋友來到北京，開始新生活。找到工作之後，心理壓力陡然變大。想到來北京工作的目的，主要是為了兩年後出國留學，賺錢賺資歷。她擔心兩年賺不到足夠的錢，擔心兩年不足以讓自己變厲害，擔心自己的夢想實現不了，於是經常上班途中對著電腦螢幕流淚。那個時候我也替她著急，幫她分析該做點什麼才能賺到錢，才能讓自己的履歷變得亮眼。我們在小小的咖啡廳裡急促地思考，結果只是「妳年底前要××××」、「妳明年要××××」……說完這些，我自己都感到有些疲累。

過不了幾天，這位朋友突然發訊息給我，說她想明白了自己的問題在哪裡。其實，自己現在的努力，應該是為了以後長遠的進步與成長，而留學只是幫助自己成長的一站，不應該成為目的地，這樣想來，壓力頓時減輕了很多，再也不會為能不能在某個時間之前賺到多少錢、贏得什麼資歷而著急擔憂。生活也突然明媚起來，因為著眼於當下一點一滴，享受每一天的樂趣，進步與成長也油然而生。

「慢慢來，比較快。」是我的書《從北京到臺灣這麼近那麼遠》的電影版導演最常說的一句話，他總是用這句話當作寫給我的郵件結尾。他是一個靜謐的摩羯男，喜歡在幽靜的品茶中慢慢找尋靈感，這大概是屬於臺灣男人的浪漫情懷。這位導演每次來北京找我，都要左等右等，然後才看到我飛過來奔過去，一副在時間裡極速穿梭的身影。導演是個慢郎中，據說四十歲的他，從北影碩士畢業後，只有兩部作品，而上一部電影拍了整整五年。那是一個原本誰都不看好的劇本，從最開始的積極合夥，到五年中所有的製片、合夥人、朋友、投資人都慢慢撤出，誰都不再支持他，誰都勸他放棄，甚至他得做家教來補貼生活費。五年之後的一個夜晚，昔日的朋友接到電話，這部電影不僅拍了出來，還在那晚獲得大獎。

每次有人問我為什麼不簽一個有名的導演，或許是因為當我聽到這個故事，看到每次導演在幽靜的茶館，等我飛奔而來的安靜，我相信，安靜也是一種力量。那是一種讓自己的內心享受沉浸在事情本身的感覺，讓做事本身變得專注而純粹，是急功近利的我們內心最缺乏的修養。

特立獨行的貓哲學

學習和進步這種事，從來都是要靠頭腦和心靈一點一滴去體會的，只有這樣，新鮮事物才能浸潤到你的生命裡。

在嘗試中找到適合自己的方向

有段時間，每個週末我都去學習木工，每週六早上七點半起床去很遠的地方上課，通常下午六點下課出來，已筋疲力盡外加汗流浹背。學木工，是因為一直以來對實木家具很感興趣，每次逛到高級精品的家具店，內心總會迸發出強烈的渴望，想當一個木匠。心心念念了好幾年，還差點去木工技校上學。因此，當在網上找到一個培訓班，且價格還算合理時，便匆忙報了名，並開始琢磨要替家裡做點什麼。家人們得知我的宏偉藍圖，異口同聲地說：「別！帶！回！來！」

上了一段時間的課，學做了一個木頭盒子，帶回來孩子看到之後，只淡淡地說了一句話：「妳還是帶回去再修一下吧，有點不忍直視。」

說實話，做木工並沒我想像中那麼有趣好玩，即便老師和學校都很棒。以前我認為想動手做出一件偉大的藝術品，至少也得做一個板凳吧，可每次灰頭土臉地刨木頭、磨木頭、鑿木頭；每次站在危險性極高、一不小心就會血肉模糊的工具前，吸著木屑粉；每次看到老師的作品，再回頭看自己的作品，夢想對照現實的慘烈，就顯得特別犀利。如果說上木工班以前，木工算是我的業餘愛好，那現在木工大概不是我的愛好了。有時候，自以為很感興趣的事，真的嘗試之後反而會幻滅。人生，就好像是不斷地「撿東西」與「扔東西」的過程。

這讓我想起了現實裡的很多事，比如上大學時覺得學的不是自己喜歡的科目，上班時覺得自己的工作枯燥乏味、薪水又低。

「Follow your Heart」，逐漸變成了不知道什麼才是自己心之所向，也不知道如何才能在琳琅滿目的花花世界裡找到自己的方向。

我們都為自己著急，成功人士都說要「Follow your Heart」，可自己的Heart到底在哪裡呢？面對萬千世界，我們好像對什麼都感興趣，又好像對什麼都沒那麼喜歡。我們希望能一畢業就找到人生方向，盡早開始奮鬥之路，早日享受榮華富貴，衣錦還鄉，可人生路又是那麼的崎嶇與漫長！

事實上，每個人在不同的人生階段，會遇到不同的人和事，會認識不同的萬千世界，因此也會遇到很多自己愛好的事情。如果我們仔細地去看

特立獨行的貓哲學

有時候，自以為很感興趣的事，真的嘗試之後反而會幻滅。人生，就好像是不斷地「撿東西」與「扔東西」的過程。

成功人物的勵志傳記，而不是讀時尚雜誌的勵志專訪，你會發現那些能在自己領域裡有所成就的人，很多都是在做了很多不同的事之後，才確定了最適合自己的方向。這就好像談戀愛，妳以為事業型男人很有魅力，可家裡大小事都不能指望他時，妳才知道魅力不能當飯吃；妳以為居家型男人溫暖又貼心，可當妳對那些有型又有品的職場精英犯花痴時，便會對打電話問妳今晚吃炸醬麵還是番茄雞蛋麵的男人一肚子氣。萬千世界的每一種選擇都沒有對錯，關鍵是適不適合自己，而該怎樣才能遇見適合自己的機會？不可能一出校門左轉第一棵大槐樹下，就能碰見這個機會，你需要不斷地嘗試，一定要親自去嘗試，不厭其煩地為自己內心的每一次好奇買單，只有這樣，你才能知道自己的內心，做怎樣的選擇才會有幸福感和安全感。

可大多數情況下，我們不敢偏離自己的軌道去做新的嘗試，或者說在父母不支持的情況下，連一步都不敢邁出去，哪怕僅僅是嘗試。曾有一個朋友問我，說她的夢想是做攝影師，但她學的是數學，覺得這不是她想學的，問我該怎麼辦。我問她：「妳看過攝影雜誌嗎？」她說沒有。我又問：「妳在豆瓣上搜尋過攝影類書籍嗎？」她說沒有。我再問：「那妳看

特立獨行的貓哲學

那些能在自己領域裡有所成就的人，很多都是在做了很多不同的事之後，才確定了最適合自己的方向。

過優秀的攝影作品嗎？」她還是說沒有。我說：「那妳知道自己應該從哪裡下手了嗎？」她說知道了。可反過來我又思考，這樣做可以嗎？真正的攝影之路是這樣啟程的嗎？幾乎很多人都會遇到這樣的問題，可如果你什麼都不嘗試，甚至連一本書都不願意看，那這世上誰也沒辦法幫你走向夢想！

至於從哪裡入手的問題，好像也沒什麼對錯，關鍵是你到底有沒有開始嘗試去做，而不要僅僅徘徊在外圍，考慮自己從哪裡進入才是最正確的路。小時候學書法，別人都從楷書學起，而我的老師從隸書開始教，其他家長都很擔憂，說我這樣學，硬筆字也會寫壞的，第一步學楷書是多麼重要啊。可事實上，當有一個更加厲害的老師跟我說，只要我跟他繼續學四年就能變厲害時，我想想未來每個週末都要去很遠的老師家枯燥地寫字，我就退縮了。事實證明，我不是因為入門與別人不同而沒變厲害，而是自己不願承擔這條路上的辛苦而放棄了。

我相信當一個人做出選擇時，他內心的幸福感和使命感是無以言表的。就像我們在琳琅滿目的商品中選中一件特別心儀的衣服，那一刻，就叫選擇。你願意把這件衣服帶回家，陪伴你未來的日子，即使有一天髒了

特立獨行的貓哲學

如果你什麼都不嘗試，甚至連一本書都不願意看，那這世上誰也沒辦法幫你走向夢想。

破了你也不會隨意丟棄，而是想辦法讓它恢復光澤，這就說明，它是你真正喜歡的東西。所謂喜歡，就是一擊必中，念念不忘，而念念不忘，才能必有迴響。

有的時候，我們也需要分清工作和愛好。愛好之所以是愛好，是因為沒有利欲薰心的要求，只為好玩，自我放鬆，而工作是要去換錢的。這世上只有非常少數的人，能將愛好和工作合而為一，大部分人都是工作歸工作，同時還有一個愛好調劑生活，這也是不錯的狀態。如果你非要把愛好變成工作，可能過不了多久，便會將愛好和工作都變成厭惡的事。比如說你喜歡攝影，本來是調劑生活的樂趣，可你非要成為專業攝影師，那便要面對如何用這個愛好換錢生活的問題，於是各種問題紛至沓來。當一顆因愛而生的心開始破裂，恐怕這分愛也持續不了多久。生活就是生活，不要苛求完美，太完美的一定是童話。

珍惜每一次迷茫和面對新事物的機會，讓自己的內心多飛一會兒，不用急於要在某年某月，找到為之奮鬥一生的那件事。所謂青春，就是知錯就改，改了再犯，千錘百煉。人生際遇無常，就算你老了以後再開始，只要抓緊手中那張破船票，就還有機會登上叫做夢想的船。讓青春和生命，

特立獨行的貓哲學

生活就是生活，不要苛求完美，太完美的一定是童話。

在回憶起來時都心潮澎湃，這樣的一生，即便沒有始終如一的夢想，也一定值得驕傲且無悔。

年輕的時候，總要學一些理財知識

家長們總認為公務員才是有保障的職業，外商、私人企業都沒什麼保障，以前很不理解，好好的工作，怎麼會沒保障呢？工作時間越長，越能清晰地感覺到，保障這種事，有時候並不是自己能給自己的，也不是一直努力就可以擁有的，甚至不是存摺裡有錢就可以獲得的。剛畢業時沒什麼錢，但一人飽全家飽，體會不到理財有什麼必要，但上班三五年之後，手上小有積蓄，便開始思考，是繼續存錢呢，還是買房子？是買理財商品呢，還是存銀行？抑或是投資？在眾多選擇中，到底如何才能讓自己的錢滾動起來？隨著工作時間越久，認識、理解社會越深，想想未來，有時確實讓人擔心。千萬別覺得自己現在很神，未來也一定沒問題，我身邊就有慘痛的案例。

前不久，一個朋友跟我說要離開北京，到南方一個小城市定居。他是早年在外商工作的前輩，曾經也有鮮亮的頭銜，並養成了外商人特有的格調與處世方式。那時候，同齡的朋友都在買房，他覺得買房不如租房划算，租房也可以過一輩子，於是帶著全家一直租房。十年之後，公司被併購，他們這一群年紀大、薪水高的人，受到了來自年輕人的威脅，被辭退出這家工作了十年的外商。當光環落下，他也試圖找過其他工作，但總無法適應。

當年薪水高、房價低的時候，他不想買房子，覺得租房很划算。現在孩子上小學了，沒有戶口，沒有房子，工作也不穩定，快要四十歲的人了，卻無法給孩子一個安定的住所，更無法為孩子布置一個屬於自己的美麗小房間。無奈之下，全家人決定離開北京，去他們大學時的城市，那裡有一些朋友，物價低，房價也比較低，也許會在那裡定居下來，至少給孩子一個穩定的住所。送別他的時候，他很沮喪，某個瞬間，說實話，我挺害怕的，因為我不知道未來的自己會怎樣，誰也不能保證未來一定會一帆風順、飛黃騰達。

我開始看一些理財方面的書，關注一些理財相關的內容，買過股票，買過理財商品，在這方面我還算起步比較早，但學藝不算精。說得天花亂墜的理財商品也好，投資也好，都不確定到底哪個更適合自己，就像備受爭議的該不該買房子，該不該買基金，該不該存錢，其實每個人情況都不一樣，每個人需要的也不一樣，但毋庸置疑的是，錢是每個人都需要的。如果你能早一點學會一些理財知識，尤其是在年輕時，哪怕身上沒什麼錢，都好過讓自己不知不覺變成「月光族」。

我的養老觀念是：每個人一生工作的時間大約是三十年，退休後大約還要生活三十年。以目前中國的物價與通貨膨脹率來看，如果想要兩個人退休後的三十年，維持和現在一樣的生活水準，需要準備五百萬～六百萬人民幣，而且是除去上班三十年的所有消費，包括孩子和老人家的所有消費之後，必須存到這個數字，才能讓自己的老年生活無憂（大病除外）。這個數字真是嚇到我了，但這是事實。

不要覺得現在錢夠花，日子也一定會越來越好，當你的人生進入新的階段，比如結婚、買房、生孩子、孩子上學之後，花錢就只能用「如流水」來形容。你也千萬別覺得，你不會買房，不會有大筆開支，不會有孩子，不會怎麼消費，那只是你的人生還沒到那個階段而已，等你慢慢長大，一切都會發生，一切都需要面對，一切也必須解決。

我的一個舅媽，在兒子很小的時候，就替兒子買保險，幾乎在孩子每個重要的階段，比如上大學、結婚，都會拿回一筆錢。舅媽是個花錢豪爽的人，表弟馬上要上大學，我問她：妳這麼花錢，孩子的大學學費存夠了嗎?舅媽說保險公司每年會給她一萬元的大學補助。這讓我很驚訝！我們都覺得舅媽是一個有遠見的人，卻也是及時行樂型的人，雖然賺錢不算很多，花錢又如流水，但強大的理財觀念讓她生活得很自在。

我們周圍總有一些人賺錢很多，但總過得苦哈哈；也有一些人，賺錢一般，但生活卻安排得井井有條。說到底，你需要先具備一些理財觀念，尤其是你還年輕的時候，讓這些觀念伴隨你的賺錢與消費過程，這樣才能獲得有保障的人生。

特立獨行的貓哲學

如果你能早一點學會一些理財知識，尤其是在年輕時，哪怕身上沒什麼錢，都好過讓自己不知不覺變成「月光族」。

別讓別人的看法，擋住了你的光芒

「別讓別人的看法，擋住了你的光芒。」第一次看到這句話時，心裡突突直跳，我想起了一件事。

我有一個好朋友，她從事廣告業，同時也是樂團的吉他手，我畢業的第一年，經常跟她混在一起，我覺得她就像陽光一樣，照耀著我那顆卑微的小心臟。每次她在舞臺上表演，燈光照在她身上，我都覺得她頭頂有一束光芒，伴隨她的長髮和搖擺的身姿，這樣的畫面才叫青春，我簡直是土到家了。後來，我們彼此忙碌，聯繫漸漸少了。偶然看到她的QQ空間，知道她回老家，結婚生了一個孩子。再之後，她來北京，我特地挑了家賣樂器但還能喝咖啡的小店與她見面。

一見面，她先跟我抱怨了一個半小時婆媳糾紛，感嘆物價高昂、生活不易，最後講述她幫女鄰居抓「小三」的故事。當我開始喝第四杯奶茶時，問她：「妳還彈吉他嗎？」她一愣，很快反應過來，搖晃著她栗色的鬈髮大剌剌地說：「早就不彈啦，我都有孩子了，天天忙得要死，大概早就忘了怎麼彈了。」說這句話時，她的眼神落寞下來。她跟我說，那些年白天上班，晚上唱歌，自己過得特別High，但老闆覺得她不務正業，儘管從未因為樂團的事情耽誤工作，可這種不信任感讓她很難受，加上父母跟她說：「我們家祖上三代，方圓兩里之內，沒出過一個玩音樂的，妳是我們生養的，我們還不了解妳嗎？女孩子那麼瘋做什麼？趕緊回來找個對象才是正經事。」這句話，讓她心裡蒙上一層灰，就真的收拾東西回了老家。

我心裡突然很難受，難受得想要抱著她哭，我不也是那個白天工作、深夜寫字，為自己的小愛好折騰個不停的女孩嗎？這些年，一直被家人認為是在忙一些不著邊際的事，一直被同事和主管認為工作量太輕，才會下班還有力氣和精神去忙自己的事。為了不被人閒話，我曾暫停了大部分個人愛好，沒日沒夜地加班，但依然被貼上各種奇怪的標籤。只要你不聽話，不像機器一樣乖乖做事，就永遠不會被身邊的人認可。可是，當我真的放棄自己想做的事，變成別人眼中的乖乖女，又覺得活得沒意思，生活裡連值得興奮和開心的事都感覺不到了。

我很理解不被人信任的感覺，很明白無情的斥喝所帶來的摧毀與打擊，以至於後來有家公司的總裁和顏悅色地跟我說「我只想請妳來我們公司，做什麼都可以，我相信妳」時，我居然回家哭了一整夜。我一直相信，人會不斷變化，不光身體、外貌，還包括內心與品格；我也一直相信，自己會不斷變化，小時候怯懦忍讓，不代表長大了不會橫衝直撞。除非，自己放棄了自己，活在別人一成不變的目光裡。

在生活中，特別是女孩子，無論面對社會壓力，還是自身的信心不足，總會被別人的一句話打擊得掉下眼淚，放棄自己喜歡的事，甚至曾經努力爭取來的一切，比如父母斬釘截鐵地說「不用那麼拚，找個男人才是正事」，或者被同事和老闆隨便貼個標籤欺負折磨看不起，再或者被別人勸說女孩養好孩子顧好家才是重點，女強人很容易找不到對象哦！

每次看到那些青春靚麗的女孩，進入社會沒多久就變成灰頭土臉的模樣，心裡便非常不是滋味。可妳問我該怎麼打贏這場戰役，其實我不知道，因為我也一直在抗爭，在努力，在彆彆扭扭地保護著自己夢裡的那棵樹。我在半夜哭過，被某些人一句話壓得喘不過氣來，懷疑甚至差點放棄過。可總有那麼一些時刻，一些人一些事一些音樂一些畫面提醒著妳：親

特立獨行的貓哲學

你已經走了這麼遠，努力了那麼久，千萬別退縮，活成你曾經最看不起的樣子。

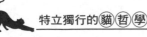

愛的，妳已經走了這麼遠，努力了那麼久，千萬別退縮，活成妳曾經最看不起的樣子。

對於女孩來說，如果妳想抗爭，青春就是一場開戰了就再也停不下來的戰爭，唯一不同的是，這是一場重在參與的戰爭，無論勝負，無論輸贏，生命都會在這場戰爭中留下風捲殘雲的痕跡，或熱烈，或激昂，或慘烈，或悲愴，但不管結果如何，只要夠勇敢，夠堅定，認真把自己當成一個人來看待，妳便會活出自己的光芒。別害怕，別回頭，別讓別人的看法，擋住了妳的光芒，趁妳還年輕。

那天下午，我在樂器行裡拿了一把吉他，遞給那位朋友，她擺出一個Pose，撥撥琴弦，彈出了當年我們都熟悉的那些歌，越彈越High，越High越瘋狂。雖然她不再甩著直而細的長髮，但我彷彿看到她那曾經照亮我卑微小心臟的光環，在那個午後的陽光裡，又回到了她的身旁。她肆意的大笑，閃亮的眼神，癲癇一般搖擺的身軀，凌亂的鬈髮，就像一棵樹，在風中凌亂但自由地飛舞著。

特立獨行的貓哲學

只要夠勇敢，夠堅定，認真把自己當成一個人來看待，你便會活出自己的光芒。別害怕，別回頭，別讓別人的看法，擋住了你的光芒。

你憑什麼能過上想要的生活

休假的時候，收到公司的通知郵件，公司的網路課程第二梯已開始，請在××時間內學完。公司的學習課程向來甚多，一直覺得無非是一些基本技能，或公司理念之類的洗腦課。當時真是沒事做，才決定打開看看。學了一門課之後，腦子突然清醒，對一些日常手上做的事，有了更廣泛的認識，也突然領悟到每次開會時主管們說話的深意。這促使我產生強烈的衝動，想要立刻好好工作，以便有朝一日，像前輩們那樣，做一個在工作上受人尊敬的人，而不僅僅是在個人愛好與特長上有點成就。這想法讓我心裡很激動，同時也思考了很多過去的事。

以我自己來說，一個能為了個人愛好熬到深夜兩點、把個人事務做得蒸蒸日上的人，工作上表現雖然不是很差，但也不是很強，與個人愛好取得的進步相比，差距很大。這絕不是個人能力的問題，而是心在哪裡的問題。

我們總覺得做自己喜歡做的事，才是正經事，但究竟什麼是自己喜歡做的事？恐怕沒多少人能說清楚。比如我自己，一直覺得工作以外的個人愛好，就是自己內心的聲音，做得蒸蒸日上。可是工作呢？一直以來都自認不是內心想做的事，可內心想做的是什麼呢？如果把個人愛好變成正職去做，就真的開心了嗎？事實也並非這樣。那究竟要不要做？思來想去，其實，就是逃避。

我們總覺得工作特別悲催，而自己過的不是自己喜歡的日子，於是用「追逐內心的聲音」來鼓勵自己，結果越這麼想越脫離現實，然後就開始了無止境的幻想和抱怨。事實上，對於普通人來說，那些真實的內心聲音，大致上都是想坐享其成，不勞而獲，比如希望有一大筆錢可以環遊世界，但一提起努力工作，受人氣、挨人罵地去賺錢，便覺得這不是自己想要的生活，自己的一腔夢想，瞬間就被社會的大熔爐燒得灰飛煙滅。加上媒體過度宣傳一些國外思潮，以及一些成功人士傳播自己的成功經歷，使我們的內心開始躁動，越發找不到方向。

於是，我們動不動就辭職旅行，動不動就為了錢換工作，動不動就找同僚商量一些快速賺錢的小伎倆，而很少有人在自己的專業上，埋頭好好學點東西，也很少有人想著把自己變成一個在工作上很專業的人。社會浮華，物欲橫流，每天上班的工作能推就推、能擋就擋，下班吃飯看電視睡覺，然後腦子裡想著社會這麼難混，薪水怎麼不漲……尤其是剛畢業時，受打壓、受氣、薪水低，我們會本能地逃避那些可能出現的困難。想到未來會有困難，心裡便開始想如果不做這份工作，出去旅行，或是做自由工作者，是不是就可以不再面對那些困難。因此，每個人在熟悉職場一兩年後，都會對一夜暴富和一夜成名熱切關注，並在遇到困難時想著外面的世界，而周圍誰要是特別努力工作，就會嗤之以鼻地說：「活得這麼用力，有必要嗎？」

可是每當看到神人前輩在前方閃閃發光，每當看到前輩們的 PPT 寫得讓人驚豔，每當看到前輩們不管講什麼都能滔滔不絕，便覺得前輩們很厲害，自己弱爆了。所以，當前輩們能用很長的年假去那些自己也很想去的地方，晒太陽享受生活，自己的內心又會生出很多羨慕和矛盾。

其實我們都知道，不迎著困難往前走，前輩們的現在無論如何都成不了我們的未來。我們下意識地逃避現實，幻想自己能像電視中的人一樣，不用擔心錢，生來就有房有車有高富帥的對象，於是我們抗議、訴苦、辭職，覺得這個世界不是我們想要的樣子。這麼抗議幾次之後，我們會發現，自己又被生活甩到更後面的地方了。

如果你不願在一個每天需要耗費超過八個小時的地方工作，讓自己成為神人，而是一味地逃避到外面的世界去，那你憑什麼能過上你想要的生活？如果這樣，你的那些愛好，心中的那個夢想，也許真的會隨著你終老一生。

特立獨行的貓哲學

我們總覺得工作特別悲催，而自己過的不是自己喜歡的日子，於是用「追逐內心的聲音」來鼓勵自己，結果越這麼想越脫離現實。

你是誰不重要，重要的是你有什麼

之前參加過一個比賽，主辦單位要我填一份表格，寫下自己的所有經歷，同時確定自己想要參加的類別，比如「創意」、「勇敢」、「環保」、「公益」等。我主要寫了幾個看起來很亮眼的頭銜：《文匯報》留學就業版特約撰稿人、《大學生》雜誌專欄作者、新浪教育求職頻道特約作者……最後順便提及了我的公益專案「星光成長計畫」，但並沒有寫太多，只寫了短短三行：「星光成長計畫創始人，該計畫以為貧困山區建立小型圖書館為宗旨，目前已為綿陽災區臨時小學等學校捐贈近百本圖書及少量衣物，並參與了為白血病女生籌款等活動。」然後，我收到組委會通知，獲選為本次比賽公益類的候選人。

公益？為什麼是公益？我很好奇，這個計畫我做得並不是很大，僅僅做了七個小項目而已，為什麼這個弱小的計畫會被看上？

我將此疑問回饋給主辦單位。對方答覆說，因為很特別，而且這是妳自己主動開始做的，是唯一的個人公益計畫。

哦，這是我自己主動做的，其他的特約撰稿人、專欄作者……都是社會賦予的，這很不一樣。

這個比賽並不看重參賽人是在什麼大公司，也不在乎社會曾賦予你什麼名號與頭銜，他們在乎的是，參賽人自己主動做過什麼，這些主動做出來的項目，才是一個人內心真正渴望的東西，而且是最特別的。

每個人在社會中的頭銜，都是社會賦予的，比如我是什麼公司的，比如我是著名媒體的撰稿人，比如我是哪裡的老師……可如果有一天，你不再是這個公司的員工，不再寫文章……那這些頭銜，便會全部失去，到那個時候，你還剩下什麼？我曾看過臺灣女作家李欣頻的一段話，大意是我們每天追逐的那些頭銜、聲望、升職機會、公司背景等，其實都可能兵敗如山倒，倘若有一天公司垮了，你的頭銜還有什麼用？或許你能升職，可說不定哪天殺出一個跟老闆關係比你好的人……很多人都抱怨社會不公，其實是自己內心不夠淡然與平和。

當年我正糾結於自己的前途問題，看到李欣頻的那段話之後，我頓時豁然開朗。我們應當抓住的是那些能夠永恆不變的東西，那些因外力變化而變化的東西，只是社會賦予我們的，並不是我們能自主掌控的。倘若有一天局勢變化，我們還能掌握的，便只剩下自己，而這才是唯一不變的東西。

這讓我想起自己過去求職時，履歷裡寫的都是自己鬧著玩的體驗，比如一段做記者的經歷，那是我半夜靈光乍現想出來的專案，就是要採訪一百個外國人，了解他們在中國的感受，以及遭遇到的文化衝擊等。其實這是我鬧著玩的事，但在幾次比較重要的面試中都被問到。現在想來，可能是因為這事太特別、太主動了，當所有面試者的履歷上都寫了諸如「社長」、「學生會主席」、「優秀學生」時，我卻寫了我自動自發的專案。那時我不知道為什麼自己面試幾家都被錄取，從來沒失手過。今天想來，似乎明白了一些道理。

其實，我平時也會產生這樣的困惑，只是一直沒想明白為什麼。上大學前，所有的家人，上到爺爺奶奶，下到弟弟妹妹，都認為我們應該繼續小時候乖巧的優良作風，在大學這個樹人的基地裡，以成績第一為中心，高舉學生會會長的大旗，緊密團結在好學生、好幹部的周圍，向進入國營企業或當公務員的偉大目標邁進。在達到這個目標之後，我們應該迅速找個條件相當的男友或女友，男生買房女生買車，結婚生子，共同背負著房子、車子、孩子的歷史重任，從此步入中年人一成不變的穩定生活。而在此過程中，我們應該沒沒無聞、大步流星地跟隨著人群的統一步伐，每個階段都做自己該做的事，凡事要低調，不要標新立異，槍打出頭鳥，早晚要死掉！

我曾在沒事做時，自己用裝影印紙的箱子做了個小書架，拍成照片，放到微博上，網友們轉來轉去，竟然被那家影印紙生產公司的銷售人員看到。顯然，他們很驚豔於這樣的應用方式，並承諾提供我更多的資源，以滿足我所有的創作熱情，而我順便跟他們討論了一些創意方面的事。倘若我沒有這個創意先打動他們，單說我是××公司的神人，他們絕不會鳥我的……他們從未問過我是誰，在哪裡工作，只是珍視我發自內心的簡單創意，並給了我想要的一切，這就是社會的遊戲模式。

你是誰不重要，重要的是你有什麼。我反覆思考這個問題，或許我們可以用減法來思考，倘若有一天，我們沒有了現在的工作，那我們還是什麼？我希望，如果有一天我沒有了社會給我的頭銜，我依然還是我自己，讓我引以為傲的自己，仍然能每天淡淡地微笑、從容地往前走的自己。

特立獨行的貓哲學

我們應當抓住的是那些能夠永恆不變的東西，那些因外力變化而變化的東西，只是社會賦予我們的，並不是我們能自主掌控的。

用自己的特長打破常規

五年前看了三遍電視劇《我的青春誰做主》，突然發現片尾曲還挺勵志的，我瘋狂地在家裡播放這首歌。朋友 Rong 說我很像錢小樣，非常篤定地跑，雖然不一定會跑到哪裡去。我越看錢小樣也越覺得喜歡，喜歡她不停向上生長的感覺。那一年，公司在郵件中通知我在員工大會上的演講得了獎，這封郵件讓我心花怒放。可在這喜悅背後，只有我自己知道，我為那場演講擔心抓狂到何種地步！

二〇〇九年四月的一次週例會上，我被主管要求在五月的員工大會上做一個關於部落客行銷的演講，用 PPT 展示，同時他提了一個最要我小命的要求：全英文！這個在別人看來很輕鬆的工作，卻讓我提前一個月開始糾結和抓狂。公司裡有很多以英語為母語的外國人和英文像母語的歸國子女，別說全英文講五十頁 PPT，就是講五頁我都痛不欲生。而自從我進入公司以來，就沒在公司員工大會上聽過中文演講；這是慣例，也是要求。一件事一直做下去，就變成了不成文的規定。

我開始制訂一個月的英文學習計畫，又是背單字，又是練聽力，我後悔之前不努力。機會是給有準備的人的，像我這樣沒準備好機會就砸了下來，誰知道我能不能抓住？誰知道我最後會抓成什麼樣子？我憂鬱加絕望，開始了茶不思飯不想的憂鬱日子。別說構思 PPT 了，光英文就讓我吃足苦頭。我想，要不我硬背吧，背個英文演講稿總可以吧？我還約了個老外兩個星期後幫我改 PPT，聽我試講。可演講完還有 Q&A 呢，那也是用英文，我總不能假裝聽不懂吧？我越想越絕望，甚至出現厭食症狀。當時的我還不成熟，一點鳥事，就委屈得想回家鑽沙發角落裡哭。

五一休假三天，我渴望換個環境，便帶著這樁心事回到了家。回家之後，我買了《我的青春誰做主》的 DVD，蹲在電視前連看三天，眼看時間慢慢溜走，心裡的內疚加恐懼與日俱增。我知道，我又本能地想逃避，逃避讓我害怕的一切事情。片尾曲第三十二遍響起，我突然想，我是不是可以提升一下戰鬥力？我的世界在下雨，我的生命在谷底，可我骨子裡從沒想過要放棄！

我想，自己是不是可以用中文做這次的PPT？我想，我是不是可以走出那個不成文的規定？我想，我有沒有勇氣挑戰自己，挑戰這個英文世界的光怪陸離？我嘗試問大家，可不可以用中文，沒有人回答可以，只說如果妳膽子夠大，可以試一試。那個時候，我是公司年齡最小的員工，最基層的助理，我知道沒什麼好怕的，我什麼都輸得起。可說真的，再小也不是沒有顧忌，再低也不能不管不理。我代表我的老闆我的小組，輸掉這些我賠不起。

到底要怎麼辦？我日日夜夜憂愁地無法進食，誰也不知道，我每天表面的平靜下，隱藏著巨大的不安與焦躁。我向上天祈禱，這個月不要開大會，或者開會時停電又打雷，我便能逃過這一劫……

離月底最後一星期。我問HR究竟星期幾開會，當時得到的回覆是，時間有點不確定。我又開始抓狂和慌亂，五十頁的PPT，我一頁都還沒寫。只剩下一個星期了，這一個星期究竟會絕處逢生，還是死無葬身？

正想著，HR告訴我會議時間定下來了，那週五下午五點。我趕緊開始弄我的PPT。畫出一個構想圖，不停地往裡面填寫各種東西，查資料，加圖片，忙到最後看看頁數，居然有七十八頁。人被逼到絕境往往會生出很大的勇氣。我狠下心來，用中文講，全部用中文。恕我無能，我能背英文演講稿，但身為中文系學生，我用母語能傳達得更好。我篤定了這個信念，誰都沒有說。我知道，我要開始挑戰一個不成文的規定，用最小的年紀、最基層的位置，面對全公司，開闢一條新的道路。

我特別選用了一款帶著一閃一閃小星星的範本，因為我的名字裡有個「星」。我站在門外不敢進去，直到HR把我推進會議室。開會前，我請大家把燈關掉，只留著我的星星閃爍，美其名是製造氣氛，實際上是我不敢看大家的眼睛。我膽子好小，誰都不知道我將會使用中文，打破規矩，只有我自己心裡在打鼓，究竟大家可不可以接受？究竟我能不能講得順利？

燈滅了，星星閃了。「大家好，今天我用中文為大家介紹……」我頂著很大的壓力，開始用中文講，在這之前，我只讓幾個同事看了PPT，甚至沒有模擬，沒有排練。我把我僅有的一切，在吐出一口氣之後，全賭了上去。演講途中我曾一度抬頭，借著PPT的光線，我看到總裁的微笑，她笑咪咪地看著我，等待我講下去。我開始放鬆，不由自主地講了七年級生才有的語言，幻化的靈感讓大家爆笑，發現其實中文也能很有意思。那一瞬間，我跟著笑了，我看不到大家，但能聽到聲音。我內心篤定地知道，我

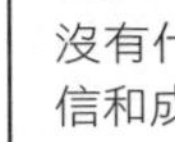

特立獨行的貓哲學

沒有什麼是真正的「不可以」，沒有什麼是永恆的規矩，真正的自信和成功來自骨子裡。

有了好的開端，我要堅持下去，不能放棄。伴隨著陣陣笑聲，總裁不斷地打斷我追問細節，看起來饒有興致。中文的優勢，讓我發揮得淋漓盡致，我的幽默與靈動，我的機智與聰慧，我出色的語言能力，彷彿在表演單口相聲，時而又像在說書。這不只是成功，而是相當成功！

演講結束後，我蹦蹦跳跳回到自己的座位，讓我緊張的小心臟暫時放鬆一下。電話響起，我接到HR的電話祝賀，她說我講得很好，幹嘛開講之前那麼害怕？讓她以為我真的不行。在走廊上，櫃檯妹妹也站起來對我說，妳講得真好。在會議室吃蛋糕時，一名外國員工把切好的蛋糕遞給我，說：「妳講得很好，獎勵妳一塊蛋糕。」哈哈，原來中文你聽得懂嘛。

過了幾天，在公司門口碰見總裁，她大大誇讚我那天良好的表現，還聽說我之前抓狂了一個月。是的，我告訴她我準備了一個月，很害怕、很掙扎，一度想逃跑、一度沒勇氣，但是最終，我突破了自己，勇敢地打破常規，做了一回自己。六月底，公司評比上半年的最佳演講，我名列其中，我笑著跑到臺上，抱起一個大花籃，我贏得的不是花籃，而是一顆勇敢的心。

我以最小的年齡、最低的職位，做了一個漂亮的PPT，進行了一場精采的演講。這件事讓我明白一個道理：我們的小世界裡，沒有什麼是真正的「不可以」，沒有什麼是永恆的規矩。真正的自信和成功來自骨子裡，外界的旁枝末節，無法撼動最重要的根本。

其實，每個人都希望看到不同的東西，聽到不一樣的話語。一定要勇敢地利用自己的特長去打破常規，只有把自己打造成職場中那塊最獨特的點心，成功的美味才會悄然綻放。

沒有任何的一夜成名是奇蹟

夜裡十一點半，打開車門的瞬間，廣播裡正播放著柔美的鋼琴曲。我鑽進車裡，開始蜷縮著睡覺，可腦子裡想的卻是敲擊鍵盤、文字跳躍的聲音。

我又一次在這個時間下班，計程車、華燈從身邊流過，偶爾睜開眼看看位置，繼續閉上眼聽廣播、想事情。我在想，我從什麼時候開始，變得這麼忙，還忙得秩序井然，我想到了剛畢業時的事。

有一次拿著剪刀做報紙剪輯，內心是那麼地想做好，做漂亮，做完美。打電話給客戶問格式，幫客戶一起想最漂亮的呈現方式。壓出最整齊的折線，剪下細細的毛邊，一張張裝進文件袋中，變成非常漂亮的一本書。不知從什麼時候開始，我喜歡做非常非常小的事，越小就越要做到完美，朋友純純說她在實習期間，做的都是資深員工的工作內容，於是很

特立獨行的貓哲學

從基層開始的每一件事，都要去做三遍，確保一件極小的事，自己都能知道怎麼回事。這樣踏踏實實地慢慢走，才能走得安穩而有保障。

自豪，覺得自己一定會轉正職。可是我覺得工作不分級別。我實習第一天，就開始寫新聞稿，做季度英文報告，而現在卻天天叫快遞，替媒體找資料，是不是有點相反了？還是我不被重視？其實不是，工作是不分級別的，不是你職位低，就一定得買便當；不是你職位高，就一定能頤指氣使其他人。我曾看過一篇文章，說某個行業裡，很多資深的員工，都是空降進來的，對基層的一些工作不太了解，每當下屬發生問題或出現錯誤時，主管也不知如何是好。

那個時候我開始明白，從基層開始的每一件事，都要去做三遍，確保一件極小的事，自己都能知道怎麼回事。這樣踏踏實實地慢慢走，才能走得安穩而有保障，而不是跳來跳去地跑。因此，我從沒有放棄做各種小事的機會，即便這小事很累很麻煩，也會盡可能去嘗試，哪怕只有一次機會。就像剪報紙，我前幾天還發愁這東西該怎麼呈現，是貼白紙上還是貼牆上，或是其他，但今天我知道，哦，可以做成一本書。雖然我可以問前輩，但如果我能自己思考出來，便會有點小自豪，有一種這件事我完全掌握了的感覺。所以，一般來說，你問我如何學好英文，如何寫好新聞稿，如何跟主管說話，我一律不回答。我不喜歡你跟我提很普通的問題，因為

特立獨行的貓哲學

一夜成名是由很多個白天和黑夜換來的。

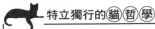

我覺得你根本沒思考過就跑來問我。我告訴了你，你過幾天忘記了還會去問別人。你的小腦袋裡，對這個問題根本就沒有留下任何印象。就像小時候做數學題，老師講一遍會了，但要我們自己做又做不出來。

晚上十點還在加班的時候，室友菲菲問我幾點回家，我說大概得很晚，我正在改一篇很重要的新聞稿。我改得很慢，一篇只有一千字的新聞稿，值得你去細細推敲每一個詞的精確度。我寫慣了動輒兩千字、外加一堆美圖的新聞稿，以及情感肆意的業配文，因此對一篇一千字的東西，便覺得要更費工，才能寫得完美。聽，文字跳躍的聲音，一點點在鍵盤上跳躍起來，呈現在螢幕上，刪除，再改。看著短短的文章，變得精緻，好像雕刻師完成了一件精美的雕塑。我覺得只有配樂朗讀，才能呈現出我要表達的意境。

菲菲說：「沒有任何的一夜成名是奇蹟，一夜成名是由很多個白天和黑夜換來的。真的是這樣。」

我有點感動，我還沒一夜成名，也沒想一夜成名，只是突然覺得，有一種努力叫持之以恆，有一種努力叫一點一滴。我們身邊有很多一夜成名的人，也有很多機遇很好的人，比如有的人趕上招聘的末班車，懵懵懂

特立獨行的貓哲學

有一種努力叫持之以恆，有一種努力叫一點一滴。

懂地進去，也比你拚死擠進去賺錢多而輕鬆；有的人每天吃喝玩樂就是工作，而你從早忙到晚，也吃不上一頓熱呼呼的飯。可是，成功的定義無關錢財或職位，而在於內心的幸福和滿足。在我經過十四個月實習即將轉正職之際，大學隔壁宿舍的美女剛旅遊歸來到新公司報到，並開始了漫長的遊山玩水般的培訓生涯，中間動輒休個大假；我轉正職後開始負責產品線、背令人頭疼的電腦資料時，她在網上張揚自己吃喝玩樂的新生活；最後，在我開始能自如地表達思想的今天，她每天跟我講她想跳槽，因為錢太少，因為太忙，但她的兼職做不成，因為沒人肯投資她，讓她做一些驚天動地的事，所以她無法出名，也無法賺更多的錢，生活找不到出路。我不知該說什麼，又覺得說什麼好像都不太好。出來混遲早要還的，職業發展這種東西是一環扣一環的，而不是脫節的纜繩，你想晃到哪裡便晃到哪裡。

沒有任何的一夜成名是奇蹟，一夜成名是由很多個白大和黑夜換來的，我相信。

特立獨行的貓哲學

成功的定義無關錢財或職位，而在於內心的幸福和滿足。

總有一天，你會變得很棒

晚上從商場美食街吃完飯出來，看到兩個男孩垂頭喪氣，坐在商場門口的戶外臺階上，低著頭，不停地搓著手，看不見他們的臉，只能看見他們彼此不說話。在他們面前，站著一個大約二十五歲的女孩，她用很焦躁但靠近才能聽得到的聲音，劈里啪啦地講著話。從女孩的穿著看來，應該是商場裡某間店的員工，也是這兩個男孩的小主管，此時她正在為他們工作不爭氣而恨鐵不成鋼。在他們身旁，是車水馬龍、霓虹閃爍的東三環馬路，馬路兩邊林立著一座比一座閃耀的高樓，那鋼筋水泥的建築，彷彿在冷冷地告訴你這個城市有多現實，多不在乎你的傷心和眼淚。

我別過臉去，不想再看，心裡有些顫抖，這個城市裡有多少懷著夢想的年輕人，又有多少在失敗和屈辱中掙扎、哭泣的年輕人。

我猜想，那個女孩子一定會說，你們要如何如何努力，才能有出人頭地的一天，你們現在這樣是不行的！我猜想，那兩個男孩的心裡，一定有深深的不安與自責，那些對這個大城市的憧憬和幻想，他們本來就不知該如何實現，那一刻，他們可能甚至不知道該如何繼續走下去。這個城市，有著太多燈紅酒綠的奢華，也有許多可歌可泣的勵志故事，可這一切不是一夜造成的，更何況是你我這樣窮得只剩下憧憬和夢想的普通青年？

曾有一個朋友發簡訊給我，那是她人生中第一天上班！發簡訊給我時，她正偷偷躲在公司一個小角落吃飯，她不認識那裡絕大多數的人，而那裡絕大多數的人也不認識她，她不敢跟別人說話，更不敢提出跟大家一起去吃午飯。於是，她想到了我。我猜想那個畫面，一定是她一手拿著湯匙緊張地往嘴裡扒飯，一手拿著手機發簡訊給我，並期盼我能回她一條簡訊，以對抗她當時的孤獨與無助。很遺憾，我沒發給她任何訊息，以溫暖她有點小害怕的心。我覺得很心疼，心疼的時候似乎什麼都寫不出來，我想到了自己實習第一天的那個晚上。

當天下班的時候，主管跟除了我以外的同事說：「剩下的給實習生做吧，你們要不要到我家一起看球賽？」然後他們就一起離開了。那天晚上十點多，我一個人怯怯地站在三十六層樓的窗戶前，窗外就是北京CBD中心區好似航拍的夜景，可是沒人知道，一座很漂亮的辦公大樓裡，有一個女孩還沒吃飯，還倒楣地在做表格。其他部門的實習生悄悄地跑過來問：「妳吃東西了嗎？我媽媽中午幫我帶了飯糰，妳要不要吃？」我點點頭，她就又悄悄地跑到微波爐那裡，熱了一下，又跑回來遞給我，說：「不是很好吃，只是個普通的飯糰。」我接過來一口一口地吃掉，她就站在我對面，看著我笑。我當時覺得辦公室裡的我們，同是天涯淪落人，恨不得緊緊擁抱。

一晃好幾年過去，我在這個城市有了還算滿足的生活。夜晚拉開窗簾，看對面大樓裡亮著的各色燈光，總忍不住想，每一個窗子後面，是否也住著一個經常要為自己加油打氣，才有力量堅持下去的年輕人？他是否也如我過去一樣，白天謹小慎微地工作，晚上用毫無安全感的嬰兒睡姿睡覺，醒著的時候不斷替自己加油打氣，睡著的時候滿腦子都是工作表格？想到這些，就覺得這個城市好孤立，又好孤獨。

其實，一個城市表面越繁華，內在就越孤獨，因為在繁華的背後，有很多孤獨的靈魂；每一個窗子，都是冷漠而不想相互靠近的靈魂，因為靠近會產生溫暖，而溫暖雖然可以帶來慰藉，卻更容易讓人喪失鬥志與果敢，依賴是奮鬥路上最大的絆腳石。

這個城市有很多神人，我們的世界裡也有很多仰慕與崇拜的人，看著他們的優秀，我們經常無地自容、甚至自卑得不知從何開始努力，在夜晚的被子裡大哭，在洗澡的時候讓眼淚隨水一起落在地上。我們都會對未來感到害怕，都會對即將發生的改變感到恐慌，因為我們都知道即將失去什麼，而不知道未來會得到什麼。這個城市裡的每一顆心，都不會像鋼筋水泥大樓一樣剛強，面對這個城市裡即將到來的每個清晨，我們都一樣。只是幸好，我們還有一個晚上，可以用來療傷。

對面的大樓，又亮起了很多白色或黃色的燈，每個城市裡此時此刻孤單與不安的人們，都在為自己加油，對自己說：總有一天，我一定會變得很棒！

特立獨行的貓哲學

溫暖雖然可以帶來慰藉，卻更容易讓人喪失鬥志與果敢，依賴是奮鬥路上最大的絆腳石。

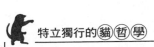

致每一個站在夢想起點的女孩

有次在醫院裡體檢，等片子時，落地窗外明亮的陽光，毫不猶豫地透過窗戶，灑在走廊裡的長凳上。醫生說：「一小時後來取片子！」於是，我找了個偏僻的位置，安靜地坐下來，打開一本小書，靜靜地看了起來。

書裡有一個叫荳荳的孩子，被正規學校退學，卻在巴氏學園這所奇怪而新潮的小學校裡，度過了自己兩年的甜蜜歲月。從紛擾的塵世社會抽離，在安靜的陽光下，讀這樣一個清新的故事，是一件非常幸福的事。巴氏學園的校長小林先生，主張每一個孩子天生都有優秀的品性，只是在長大的過程中不斷受到來自大人的各種干擾。小林先生用自己的愛為全校五十個小學生築起一道高而美好的糖果圍牆。即使圍牆外已經處在二戰的炮火中，巴氏學園依舊是快樂的小天堂。

小林先生說，每一個孩子都要學會自己做事，都要學會親近自然。他邀請農民來學校當生物老師，他鼓勵荳荳自己把弄亂的下水道收拾乾淨。看到這裡，我突然想念起大學的室友、來自日本的中日混血女孩大井川千晶。這個柔弱的女孩，總是在我最不經意的時候，讓我看到大和民族順應自然的教育。這種教育，培養出千晶這樣很真實、很誠實的女孩，而這個女孩如果放在中國，我們一定會認為她是最普通、最沒出息的一顆「豆子」。

千晶是一個普通的日本大學生，學校少見地普通。她剛來中國時，被騙到郊區，住在招待所裡，三天沒吃沒喝。好不容易找到超市，買了一箱麵包，她說她以為自己會死在中國。她有點潔癖，來到我們亂亂的宿舍，逐漸與我們融合，進入我們的小世界。她說日本幼兒園的孩子，進入室內都要脫鞋脫襪，光腳在冰冷的地面上玩耍，為的是增強孩子們的抵抗力和耐寒性；她說日本的孩子從小學開始就要穿正式服裝，所以當我還傻傻地認為正式服裝是個神聖的東西時，她幫我挑了人生的第一套正式服裝；她說日本的孩子從高中起就要打工賺錢，然後用賺來的錢和朋友聚會，吃飯喝酒都可以，但一定要是自己賺來的錢；她說她和妹妹每年大學兩百萬日幣的學費，有一大半來自自己在餐館裡端盤子賺的辛苦錢，因此上學讀起書來十分認真。最讓我銘記在心的，是有一次房間裡水管漏水，我們都叉著腰站在角落裡打電話給房東，只有千晶一個人穿著橡膠拖鞋，舉著拖把跑來跑去，她的雙腳泡在地面的髒水裡，用手一次次地擰著拖把上的髒水。我們說：「千晶，別做了，這不是女孩子該做的事。」她停下來很認真地問我們：「那女孩子應該做什麼呢？」

巴氏學園的小林先生，在看到荳荳把下水道裡的糞便掏出來，去找自己的小錢包時，他只是走過來問她找到沒有，並囑咐她下水道清理好後，要把清理出來的糞便清除掉。他沒有幫助她，因為他要讓荳荳知道，某些事不應該要某些特定的人來做，每個人都應該做。千晶站在髒水裡的樣子，又重現在我眼前。

很久很久之前，我覺得倉庫裡碩大的機器不應該由我來搬，所以如果沒有男孩在身邊，我寧可這些東西擺在那裡擋路。有一天阿姨要幫我搬到倉庫裡去，我想怎能讓那些年紀和我媽媽相同的阿姨幫我搬東西？於是我硬著頭皮，一趟趟地把機器抬到倉庫裡去，覺得好像也沒有想像中那麼重。後來，我買了專業的拆卸工具，開始自己裝機器、拆機器，那些一般覺得應該由男同事完成的事情，我可以全部搞定。我時常提著一兩個箱

特立獨行的貓哲學

這不是女孩子該做的事。那女孩子應該做什麼呢？

子，在辦公室裡走來走去，也時常在片場，抱著二十公斤的機器放到指定的地方。我再也不愁電腦組沒招男實習生。有一年元旦，媽媽說想要一個新的螢幕，於是我在兩個鐘頭內，打客服電話、找供應商、電話聯繫、現場購買、自己扛回來。我買了HP-2309P螢幕，那是我經手過最大的螢幕。回家後自己安裝。媽媽回家時，我已經坐在電腦前，使用新的螢幕了。這雖然是一件非常非常小的事情，但我覺得做事情並沒有男女之別，也沒有人應該說：「哦，這事不該我做。」

我們總是被教育「女孩子要柔弱一點，不要逞強，不要事事都會做，要學會撒嬌，讓男人來幫妳做」。如果荳荳也被這樣教育，恐怕她在二戰期間就不會成功地避難，不會在戰鬥機盤旋的環境中倖存下來。現在想想，如果我嬌滴滴地坐在座位上，等公司招男實習生來搬機器，也許我媽媽現在還在將就那個一見陽光就反光的老舊螢幕，而不是舒舒服服地看著二十三吋的超大螢幕，欣賞電影，讀我的文字。

小林先生說，每一個孩子天生並沒有標籤意識，那些所謂你該這樣，不該那樣，都是後天環境強加上去的。曾經我也覺得，電腦技術不該我管，一個女孩子管這個做什麼。可是有一天，我的工作強迫我要捧著說明

特立獨行的貓哲學

某些事不應該要某些特定的人來做，每個人都應該做。

書，認識光碟機在哪裡，硬碟是什麼樣子，CPU有多大，燒錄機怎麼用。當我扔掉內心的障礙，把一臺壞了的電腦拆開又組合起來，詳細地說明每一個零件有什麼作用，每一根線應該接在什麼地方，每一塊電路板是什麼原理，你是不是會覺得，這個女孩子讓人有那麼一點驚奇，有那麼一點棒？

媽媽說：女孩子要安穩，不要到處亂跑亂跳。

阿嬤說：女孩子要會彈琴，不要學什麼跆拳道。

老師說：女孩子要回歸家庭，不要野心那麼大。

在社會的期待下，女孩慢慢地變得溫柔懂事、知書達理、賢妻良母、白髮蒼蒼。其實，那些所謂該由男孩子做的事情：設計房子、建造飛機、成為技術達人、成為物理學家，也曾在女孩子的心裡閃過，只是我們沒有堅持住內心的力量，於是眼睜睜地看別人成為一段段傳奇，譜寫一個個神話。

每個人出生都想做自己，可是二十年後卻發現，自己長成了別人的盜版，每一個站在夢想起點的女孩子，妳想成為心目中的自己，還是想成為社會期待的別人？

特立獨行的貓哲學

那些所謂該由男孩子做的事情，也曾在女孩子的心裡閃過，只是我們沒有堅持住內心的力量，於是眼睜睜地看別人成為一段段傳奇，譜寫一個個神話。

你還陷在「愛情幸福」的框架裡嗎？

蚊子，一九八七年出生的小女生，即將嫁給大自己十八歲的男人，而這個男人有一個一九九二年出生的女兒，也就是說蚊子要成為一個比自己小五歲的女孩的繼母。當我第一次聽說這件事時，第一個反應就是蚊子瘋了，被騙了，恨不得馬上阻止她，而他們就要登記了。

我問蚊子，妳幸福嗎？

蚊子說，是的，很幸福。雖然她家庭條件異常優渥，且父母對她寵愛至極，但她為了愛，可以每天替一個男人做飯端茶送水鋪床摺被子。一個有著大叔控的女孩，面對連一場盛大婚禮都無法立刻給她的男人，卻只想要這樣的幸福，因為她感覺幸福，這種幸福很美好很甜蜜，連做夢都會笑。

這就是蚊子的幸福，她覺得這樣是幸福的，於是她決定嫁，嫁給她心裡的幸福。

這有什麼錯嗎？沒有。可為什麼我覺得不好？因為我陷入了「愛情幸福」的框架，這個框架不在自己心裡，而在世俗的觀念中。

如我們所有女孩及女孩家長所希望並要求的那樣，一個男人要有點錢，有外貌，有好人品，有好的學校背景，有穩定而多金的工作，有房子和車子，有好的家庭背景，有適當的年齡，只有滿足這些條件，才有資格和自己談戀愛，而這只是入門；然後要體貼要關懷，不僅要會擦排油煙機，更要能打造精緻優雅的小生活，還能在岳父母病床前三天不闔眼；總之他要集百家之長，去別人的糟粕，取別人的精華……所有人都覺得，這才叫幸福，可這是畫出來的幸福。女孩按照這種標準去追求，最後追成了水中月。因為，這是別人的幸福。

幸福不在窗戶的紅雙喜上，而在自己的心裡。

蚊子她很幸福，因為她真的打從心裡幸福。這個男人能讓她安心，有幸福感，有家庭的安全感，於是她單純地覺得，這就是幸福，她追隨幸福而去。晚上和白富美蘇蘇吃飯，左顧右盼兩邊的桌子都是男女配對，我看看蘇蘇問：妳到底挑什麼？怎麼就不能有個男人跟妳吃飯？

有位一九八九年出生的女孩跟我聊天，說某個男生追她，但她覺得他

特立獨行的貓哲學

> 妳要求他成為人見人愛、花見花開的優質男，成為一個外表光鮮的漂亮盒子，卻從來沒有在意過他的內心是否因妳而幸福。

不夠好，不夠體貼，不夠溫柔，不能呼來喚去，不能隨便指使，總之就是不如宿舍裡其他女生的男朋友好。是嗎？其實他也就是個一九八九年的小男生罷了，一個自己還搞不清方向、上課遲到、衣服都洗不乾淨的男孩，為什麼一定要苛求他完美呢？如果他沒有要求妳更勝張曼玉、李嘉欣，妳憑什麼要求他蓋過李嘉誠？

實際上，我們都有這樣的經歷，覺得自己的男朋友不如別人的好，不如別人的體貼溫暖，因為我們把狐朋狗友的男朋友的優點，全部集合在一起，算到自己男朋友頭上，然後要求他成為人見人愛、花見花開的優質男，成為一個外表光鮮的漂亮盒子，卻從來沒有在意過他的內心是否因妳而幸福。於是，我們看到很多男人日漸被逼得崩潰，提出分手，不帶一絲留戀地離開。是因為我們不夠好嗎？我們有好學歷、好背景、好身段、好年紀、好長相、好家世，這些還不夠嗎？是的，不夠，愛情應該是幸福的，舒服的，而且是在心裡。

我覺得蚊子是個很聰明的女生，因為單純而聰明，因為沒有心機才會感到幸福。她從來沒有將自己的男友，與別人的男友做過比較。她知道，如果她要他成為某些樣子，那就不是他了，而是其他人，與其這樣，為什

特立獨行的貓哲學

如果要他成為某些樣子，那就不是他了，而是其他人，與其這樣，為什麼不直接去找其他人，而要費心費力地改造一個男人？

麼不直接去找其他人，而要費心費力地改造一個男人？

很多女生喜歡讀兩性愛情書，很多情感專家也很喜歡寫這類作品，比如如何讓一個男人更愛自己，如何讓一個男人永不出軌，如何讓愛情永保青春。其實，說白了，就是理解理解再理解，要像理解自己一樣理解他，給他溫暖舒適的家，這個家一定要讓他舒服，舒服得好像自己從小生活的那個家。很多事情只需抓大放小、求同存異就好，何必要求事事都一致呢？何必動不動就扣一個「世界觀、人生觀太不一樣」的大帽子？就像一九八九年的小男生給不了小女生太多想要的東西，我很理解。我表弟就是一九八九年出生的，我們從小一起長大，我看著他就像看著我表弟，我表弟每次見到我就姐姐姐姐喊個不停、到處追著我亂跑，如果讓他每天為女友送水送飯，每天被男友十大標準綁著生活，我也不樂意，他也做不到。好的愛情，是兩個人都要舒服，從心底覺得舒服，而不是一定要讓對方變成自己想要的樣子，被金科玉律捆綁的愛情和心，總有一天會出門透透風。沒有一個男人結婚是為了出軌或離婚，而所有男人都想要溫暖的家。很多東西懂得越早，女孩才會越聰慧，才會更加平和與睿智，才能有一個比別人都早一步、永遠不用擔心別人超過自己的人生。

特立獨行的貓哲學

好的愛情，是兩個人都要舒服，從心底覺得舒服。

請清清楚楚地走自己的路

羽的郵件，輕盈地落進我的信箱。我打開郵件，看到她背負著很多人的希望，無奈地向前跑的故事。她深深埋葬了自己的夢想和願望，把父母的夢想接過來，變成了自己的夢想。她童年就失去了至親的家人。後來上了升學高中，考上清華大學，她在世界五百強公司實習，眼看著就要轉正職。

我一直以為她是幸運的，是美好的，是順利的。殊不知她的內心是如此痛苦，如此憂傷。她在我家正對面的公司上班，只是我沒有勇氣去見她。我總是害怕見到憂傷卻故作堅強的孩子，因為我不知道該憐憫還是該假裝沒事。我總覺得自己的內心夠強大，卻抵禦不了溫暖與堅強的混雜。

她在郵件的最後寫道：「姐姐，請妳清清楚楚地走自己的路，妳是我期望的那種人，那種為自己的夢想努力的人。看著妳往前跑，儘管背影離我越來越遠，我依然很幸福。」我內心震顫到淚水滑落。一個拚命在世界五百強公司實習的小女孩，每天笑對老闆、客戶；但內心深處對自己、對我，她有別樣的訴說。從我們認識開始，她就幫我做好每件事情，我有事的時候，她不厭其煩地幫我；我沒事的時候，她從來不煩我。我請她吃飯，她推辭了整整一年。我一直覺得她就是個後輩，和很多後輩一樣，對前輩有點害怕，話不多，但全力幫忙。我從來沒想過，我成了她幸福的希望，成了她夢想啟航的全部期待和盼望，這讓我心有戚戚，有一種說不出來的感覺。

晚上和一位美國爺爺喝咖啡，他到樓下才發郵件給我，我生氣他不提前通知，說來就來，我又不是鴿子隨叫隨到。我跟他說：「我不下去，你忙你的去吧，我要加班，沒空。」他又發了兩個郵件過來，說他挪出半小時的時間，跑來看看我，讓我原諒他的突然，如果我不爽，可以打他。我突然覺得他好像哥哥，可惜他們相差了大概三十歲。我脖子上掛著門卡跑下樓，先買了兩杯奇異果汁，找到他，遞給他。他還是很慈愛地看著我笑，說我比去年好看，也更有活力。

最令我驚訝的是，我去拿紙巾時，他的女友過來了，一個嬌小可愛的女孩。我故作鎮定地喝著奇異果汁，用英文跟美國爺爺說話，也用中文和他女友說話，而他們不需要我當翻譯，他們並不想知道，我跟另一個人用不同的語言說了什麼。美國爺爺問起我的工作，問起我媽媽的生活，問我未來的方向和目標。我再一次發現自己的英文不是蓋的，但我驚訝的是，他居然記得我所有的事，一年了，我們彼此沒有聯繫，他卻一直記得。

回家收到美國爺爺的郵件，大意是：我很高興妳來見我，妳是一個特別的人，我希望妳能實現自己的夢想。我相信妳可以，也謝謝妳原諒我的冒昧。

我是個特別的人嗎？我相信我一定會實現自己的夢想，因為我知道，自從我有了夢想，堅定地走自己的路，我的人生發生了多麼大的變化。我是一個相信夢想的人，如同五年前到現在，我實現了每一個小夢想，而這些小夢想串連起來，塑造了現在的我。

我比任何人都相信夢想的力量。

各種機會像睡醒一樣

遠在澳洲教中文的kiki，寫郵件給我說，有了三年做華語老師的經歷之後，她得到了好幾個絕佳的機會，都是她夢寐以求的。只不過以前資歷太淺，只能站在人家門口流口水，但現在，當她努力克服一切困難做到第三年，各種機會像剛睡醒一樣，排著隊來找她了。

她跟我說，一份工作，無論行業有多開放，無論你的工作地點在哪裡，都有無處不在的可能性。所以，親愛的，不管是岔路還是陽關道，認認真真地走下去很重要。

認認真真堅持一件事當然很難，特別是遇見困難的時候。比如我自己，從實習到正式工作，從事公關行業已有好幾年，期間不可能一直都順順利利，也曾信誓旦旦，下定決心不做了，太累了。那陣子，我每天做報告做到想吐。有一次接連寫了好幾則新聞稿，到最後看到電腦螢幕就想吐。每天都要面對高壓的工作，加班到很晚。

可是每當有一點小小的進步，比如這個會寫了，那個會做了，認識了很多如果不上班就不會認識的人，看到業界很神的前輩做出的漂亮專案，還是會說服自己，堅持一下，再堅持一下，就這麼放棄真的很可惜。偶爾我會幫朋友出主意、想方案，或者寫些什麼東西，總會得到對方的讚賞，誇我很專業。

每當這種時候，我便會想起公司的好。雖然很辛苦、很難過，壓力大得睡不著覺，但仔細想想，這幾年的專業訓練，把我從一個什麼都不會、亂穿衣服、亂說話的野孩子，訓練成一個做事有條理，說話有模有樣的職場人。

我的一個朋友頻繁跳槽，幾乎半年一次，理由就是不喜歡。結果跳來跳去，工作內容基本上沒變，一直都是不喜歡。我沒說什麼，只是有點替她著急。

我記得剛開始工作的時候，也覺得很多事情看不上眼，覺得什麼都很簡單，覺得自己能力很強，花了那麼多錢和時間學這個學那個，學歷、學校、背景、英文樣樣都不差，結果跑到跨國公司裡叫快遞、畫表格、算數

特立獨行的貓哲學

不管是岔路還是陽關道，認認真真地走下去很重要。

字。那時候我跟很多人一樣，覺得自己也應該能出去談個生意，或者帶幾個人做專案吧。

求職的時候我投了三家履歷，百發百中，接連拿到錄取通知，最後一個接一個跳槽。我在第一家公司畫表格、打電話兩個月，在第二家公司畫表格、打電話、寫 **PPT** 五個月。我以為以我在跨國公司七個月的經歷來第三家公司，能有什麼水準高一點的事做，結果發現我做什麼都不扎實。同事一起吃飯不知道該說什麼，永遠悶著頭沉默地吃；和媒體談合作不知道說什麼，永遠瞪著眼睛聽；出去吵個架都抓不住重點，吵著吵著就忘了論據是什麼，絲毫沒有邏輯性。

只有一切從頭開始，才能讓我自卑的小心臟踏實一點點。所以我又畫表格、寫 **PPT**，六個月之後才宣告轉正職，開始做專案。日子長了，堅持得久了，自然而然能做出一些有特色和擅長的東西來，機會便無處不在。當我開始有能力延伸到更多更廣更深的地方時，便看到自己越來越多的不足，也有越來越強烈的學習欲望。我喜歡這種謙虛的感覺，下意識地讓自己從容地走到更遠的地方，抓住更多的機會，觸碰到更多無處不在的可能性。

我很享受這種倒空自己的感覺，也渴望走向越來越大的世界。而這一切的前提是這幾年艱苦的訓練和培養，我希望能夠認認真真地走下去，為了那些我還不知道的未來，為了所有傻傻矗立在心裡不會消失的理想。

特立獨行的貓哲學

謙虛讓自己從容地走到更遠的地方，抓住更多的機會，觸碰到更多無處不在的可能性。

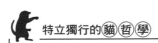

十年後，你會變成誰，過得怎麼樣？

在朋友的推薦下，看了作家七堇年的一本書，講述一個老國營企業員工宿舍中，小夥伴們交織在一起的時間故事。每個小故事總是在結尾處戛然而止，讓人唏噓不已又心生遐想。在網上看這本書的書評時，有個讀者說七堇年的文字變了，變得含蓄而克制，理性而多敘，不再是出道時的樣子，這種變化讓骨灰級粉絲們很不安，感覺失去了天賦中的靈氣與閃光，變得謹慎而剛硬。但這是我第一次讀七堇年的作品，因此沒有別樣的感覺，覺得挺好，只是靈氣這個詞突然擊中我的心懷。

記得剛工作時，我是個自我又沒心機的人，每天穿得五顏六色，就敢去超級嚴肅的諮詢公司上班，敢站在公司陽臺上跟同事一起大喊大叫，笑得二五八萬。那時候，在我身後坐著一個工作了四年的女孩，看起來專業又漂亮，知性又灑脫。我一直在想，四年後我會像她一樣嗎？四年後的自己是否可以自由地出入想去的餐廳，可以去健身房而不是在大馬路上跑步？看著二十七、八歲的同事們忙著結婚、買房子，討論生孩子和打折購物，那時候的我，不知道自己的未來是不是會像他們一樣。那時候的自己，很追求物質上的享受，因為沒有，所以追求，而擁有的東西，比如年輕人的態度和靈氣，從不擔心會失去，好像永遠會跟著自己一樣。

六年後，我有了曾經憧憬的一切，過著曾經羡慕的生活。可是總覺得看不到未來，覺得哪裡不對。昨天好友跟我說：「我買了房子，拿到有我名字的權狀，感覺卻好像沒什麼不同。」其實真的沒什麼不同，很多東西，沒有的時候憧憬得要命，有了以後又不覺得有什麼了。時間會帶你長大，每個懵懂青年都會在某一天變成有車、有房、有錢、有老婆、有老公、有兒女的成熟社會人，問題是，然後呢？然後你想要做一個什麼樣的人？有錢、有權、能給兒女無障礙未來的好爸爸？還是擅長去世界各地血拚購物的時尚女性？還是混在公司裡高不成低不就反正有工作就OK，反正家裡有個好老公就行的小少婦？生活的洪流將我們捲入新的階段，開始面對新的生活狀態與關係，此時的我們，還能為一份小禮物而激動嗎？還能為在大馬路上看見彼此而驚喜嗎？還能為生活中的每一次變化而充滿信心嗎？很多人說，這叫做成熟，是褪去年少輕狂的成熟，可我總覺得，這是靈氣沒有了……

靈氣是什麼？在我看來，靈氣就是讓你聽見就激動，能讓全身發熱的東西；靈氣就是腦子裡還知道自己在做什麼，為了什麼；靈氣就是發現自己還能像個孩子一樣對世界抱持最初始的好奇；靈氣就是那個能讓你的生活不管多累多艱難，依然保有興奮和驚喜的東西。

我高中住校時，上鋪女孩是西城男孩的超級粉絲，於是房間裡天天都在放西城男孩的歌。她一提起西城男孩，眼睛就會發亮，白白的牙齒露出來，笑到讓人醉心。我一直覺得，那是我見過最美好、最真實的靈氣。

我從來不覺得，不同的生活狀態與行為有什麼對與錯。重點是自己，究竟哪一種能讓自己心安。那些在小城市的同學經常說，擔心年紀輕輕就能一眼看穿自己五十歲時在小城市裡逛超市、跳健康操的樣子，於是想來大城市闖闖；那些身在國營企業、中央企業的同學經常說，擔心年紀輕輕每天就是喝茶看報紙，於是不甘心想來外商、民營企業、私人企業闖蕩。可真在大城市的外商、民營企業、私人企業工作的那些人，就是我這種人，生活也是一成不變，每天準時上班下班，按部就班地加薪升遷，只要看看周圍同事，就可以看到自己未來三五年的樣子，毫無意外。有一天我工作完，關上電腦呆若木雞地看著黑黑的落地窗外只有霓虹燈閃爍，我突然想，我以前不是這個樣子的啊，這真的是千萬年輕人想來經歷的世界嗎？

我依稀記得自己眉飛色舞、侃侃而談的情景，依稀記得不怯場、不慌張，走到哪裡都橫衝直撞的樣子，依稀記得我靈氣逼人的時光。有一天我突然明白，靈氣這種東西不在於時間，只關乎心裡曾經的夢想，是否被現實塵埃覆蓋；一成不變的日子不在於你在哪裡，而在於你對未來有怎樣的憧憬和願意承擔多大的辛勞。

七堇年筆下的時間，是驕傲的校花十年後在巷子口開了美髮店，每天講著柴米油鹽站在巷口喊老公回家吃飯；是優秀的學霸當上了小白臉被富婆包養隨叫隨到隨上床；是鄰桌的富二代在一夜之間變成階下囚，自己的孩子抬不起頭走路，連說話都變得小心翼翼；是考試最後一名的劣等生，終於在有錢後買下了老國營企業工廠，改建成昂貴的住宅。

十年後，你會變成誰，過得怎麼樣？

高寶書版集團
gobooks.com.tw

高寶文學 023

不要讓未來的你，討厭現在的自己

作　　者　特立獨行的貓
主　　編　楊雅筑
責任編輯　余純菁
封面設計　林政嘉
內頁排版　趙小芳
企　　劃　荊晟庭

發 行 人　朱凱蕾
出　　版　英屬維京群島商高寶國際有限公司台灣分公司
　　　　　Global Group Holdings, Ltd.
地　　址　台北市內湖區洲子街 88 號 3 樓
網　　址　gobooks.com.tw
電　　話　(02) 27992788
電　　郵　readers@gobooks.com.tw（讀者服務部）
　　　　　pr@gobooks.com.tw（公關諮詢部）
傳　　真　出版部　(02) 27990909　行銷部 (02) 27993088
郵政劃撥　19394552
戶　　名　英屬維京群島商高寶國際有限公司台灣分公司
發　　行　英屬維京群島商高寶國際有限公司台灣分公司
初版日期　2018 年 07 月

國家圖書館出版品預行編目 (CIP) 資料

不要讓未來的你，討厭現在的自己／特立獨行的貓著. -- 初版. -- 臺北市：高寶國際出版：高寶國際發行，2018.07
面；　公分. --（高寶文學：023）

ISBN 978-986-361-549-1(平裝)

177.2　　107008063